MODERNE MUSLIMAS

KINDHEIT – KARRIERE – KLISCHEES

Herausgegeben von
Kerstin E. Finkelstein

Illustriert von
Ayşe Klinge

VERLAGSHAUS JACOBY & STUART

»Freiheit bedeutet nicht Unabhängigkeit. Man ist immer von irgendwem oder irgendetwas abhängig. Freiheit bedeutet Furchtlosigkeit. Sich nicht zu fürchten ist die einzige Freiheit, die wir jemals erlangen können.«
Astrid Rosenfeld, *Adams Erbe*

INHALT

VORWORT ... 4

SABA-NUR CHEEMA ... 8
35, POLITOLOGIN, PUBLIZISTIN UND ANTIRASSISMUS-TRAINERIN

ARZU ASANI ... 14
43, RECHTSANWÄLTIN

Dr. LALE AKGÜN ... 20
68, PSYCHOTHERAPEUTIN, AUTORIN, EHEMALIGES SPD-MDB

HÜLYA SÜZEN ... 26
39, OBERFÄHNRICH, BUNDESWEHR

VILDANE ABDELATIF ... 32
56, BESTATTERIN

Prof. Dr. MIRA SIEVERS ... 38
30, JUNIORPROFESSORIN

NATALIE ROUHANI ... 44
39, HEAD OF SALES (OUTFITTERY)

SANDRA ABED ... 50
45, BERATERIN, COACH UND DOZENTIN

NADIRE BISKIN ... 56
35, SCHRIFTSTELLERIN UND LEHRERIN

LINDA NAIF ... 62
30, BABYLOTSIN

Dr. MELTEM KULAÇATAN ... 68
45, ERZIEHUNGS- UND POLITIKWISSENSCHAFTLERIN

LISA KHREIS ... 74
27, MEDIZINISCHE FACHANGESTELLTE

GHAZAL ABBAS ... 80
43, KINDERÄRZTIN

HOURVASH POURKIAN ... 86
63, TEXTIL-UNTERNEHMERIN, SOCIAL ENTREPRENEUR, MENSCHENRECHTSAKTIVISTIN

FERESHTA HUSSAIN ... 92
39, FAMILIENCOACH

IKRAM AFFANI ... 98
33, REFERENDARIN FÜR DEUTSCH UND ISLAMISCHE RELIGIONSLEHRE

NASSIRA MERKER ... 104
41, PROJEKTMITARBEITERIN MULTIKULTURELLES FORUM E.V.

CANSU POHL ... 110
30, UNTERNEHMENSBERATERIN

AMIRA MOHAMED ALI ... 116
42, FRAKTIONSVORSITZENDE DER LINKEN

DIE HERAUSGEBERIN
Dr. KERSTIN E. FINKELSTEIN-KABENGELE ... 122

VORWORT

Mehr als fünf Millionen Muslime leben in Deutschland, etwa die Hälfte davon sind Deutsche, davon wiederum die Hälfte Frauen. Statistisch gibt es also gut eine Million deutsche Musliminnen. Aber während Menschen in Deutschland als Christen gelten, wenn sie Mitglied in einer Kirche sind, wird beim Islam gezählt, wer Wurzeln in einem muslimisch geprägten Land hat: Eine Frau mit Migrationshintergrund, etwa aus dem Iran oder Ägypten, wird also als Muslima bezeichnet, auch wenn sie keine ist – zugleich werden andere nicht mitgezählt, die keinen Migrationshintergrund haben, sondern schlicht konvertiert sind.

Derweil scheint dem öffentlichen Blick klar, wer Muslima ist: Eine Frau mit Kopftuch. In Wirklichkeit bedecken sich nicht einmal drei von zehn Musliminnen in Deutschland. Die anderen sieben sind wahlweise vehemente Kopftuchgegnerinnen oder finden, es liege im Ermessen einer jeden Frau selbst, das anzuziehen, was sie will. *Moderne Muslimas* setzt diesem vielfach gefühlten Wissen reale Lebensgeschichten entgegen. Die hier porträtierten Frauen kommen nicht »aus dem Islam«, sie sind Deutsche mit Wurzeln in Ländern von Afghanistan bis Marokko, von Pakistan bis in die Türkei. Und egal ob sie nun gläubig sind oder nicht – sie sind trotz aller Vorurteile, rassistischen Erfahrungen und Schwierigkeiten ihren beruflichen Weg gegangen. Sie sind heute Managerin oder Soldatin, sie sind Lehrerin und Schriftstellerin, Politikerin und Unternehmerin.

Und sie sind nicht nur Vorbilder für heranwachsende Frauen, sie sind Vorkämpferinnen für eine Gesellschaft, die Ernst macht mit Bildungsgerechtigkeit, Chancengleichheit und Gleichberechtigung der Frau.

Mein Dank gilt meiner Agentin Aenne Glienke für ihre Vermittlung und dem Verlagshaus Jacoby & Stuart, durch das die Porträts der modernen Muslimas an die Öffentlichkeit gelangen. Und ich danke allen Porträtierten für das entgegengebrachte Vertrauen und die Zeit, die sie für die Interviews und das Gegenlesen der Texte aufgewendet haben. Ich hoffe, dass *Moderne Muslimas* den gesellschaftlichen Blick öffnet und viele Frauen inspiriert, ihren eigenen Weg zu finden und zu gehen.

Dr. Kerstin E. Finkelstein-Kabengele

SABA-NUR CHEEMA

35, POLITOLOGIN, PUBLIZISTIN UND ANTIRASSISMUS-TRAINERIN; PÄDAGOGISCHE LEITERIN DER BILDUNGSSTÄTTE ANNE FRANK; BERATERIN DER BUNDESREGIERUNG IM KAMPF GEGEN ANTIMUSLIMISCHEN RASSISMUS

Ich bin in Frankfurt am Main geboren und mit drei Geschwistern in einer Hochhaussiedlung aufgewachsen. Mein Vater kam Ende der 1970er Jahre aus Pakistan nach Deutschland und meine Mutter einige Jahre später. Sie mussten fliehen, weil sie einer muslimischen Minderheit angehören, die in Pakistan verfolgt wird.

Ich bin religiös aufgewachsen und war viel und gerne in der Moschee der Gemeinde. Ich habe nicht täglich fünfmal gebetet, bin aber mit islamischen Wertvorstellungen groß geworden. Meine Eltern haben mir vom Propheten Mohammed als Vorbild erzählt: Wie man mit Mitmenschen umgeht, welche Bedeutung Nachbarschaft und Freundschaft haben – all dies wurde nicht nur aus humanistischer, sondern auch aus islamischer Motivation begründet.

Für meine Eltern war die Gemeinde ihr soziales Netzwerk. Durch die gemeinsame Sprache, Kultur und Tradition war es für sie leichter, da anzudocken. Die Gemeinde ist konservativ und erwartet beispielsweise, dass Mädchen und Frauen ein Kopftuch tragen. Einige Frauen in meiner Familie tragen eins, andere nicht. Ich selbst trage keins.

1994 habe ich einmal meine inzwischen verstorbenen Großeltern in Pakistan besucht, danach war ich nie wieder da. Ich habe mich lange Zeit damit schwergetan, in das Land zu reisen, wo meine Eltern nicht mehr sicher leben konnten. Einen großen Bezug habe ich zur Sprache, zur Kultur, zum Essen – aber weniger zum Land selbst.

Interessiert hat mich früh die deutsche Geschichte – besonders welche Verfolgungen es hier gegeben hat. Ich war jeden Samstag mit meinen Geschwistern und meiner Mutter in der Bornheimer Stadtbücherei. So habe ich schon im Grundschulalter das Tagebuch der Anne Frank gelesen. Für mich war es ein wichtiges Buch, da mich die Verfolgung aufgrund religiöser Zugehörigkeit stark an die Geschichte meiner Eltern erinnert hat.

In der zehnten Klasse hat mir meine Geschichtslehrerin erzählt, dass sie in der Bildungsstätte Anne Frank Guides für eine neue Ausstellung suchen. Ich habe mich beworben – und etwas später eine Ausbildung als Guide gemacht und Gruppen durch die Ausstellung geführt. So habe ich begonnen, mich mit Rassismus und Antisemitismus auseinanderzusetzen.

Muslim:in, das kann man werden: Es gibt viele muslimische Frauen, die konvertiert sind. Ich habe sowohl Freundinnen, die säkular leben, als auch solche, die religiös leben. Für Nichtmuslim:innen gibt es diese Differenzierung nicht: Für sie ist man einfach Muslim:in. Während es früher »Ausländer:in« hieß, wird heute das Muslimsein in den Fokus gerückt. Das weiß ich aus meiner Schulzeit noch: Früher war ich die Ausländerin. So hat ein Lehrer mir sogar mal ein Gutachten für ein Stipendium geschrieben, in dem sinngemäß stand: »Saba ist, dafür dass sie ein Gastarbeiterkind ist, ziemlich gut integriert.« Alle nicht blond und blauäugigen Schüler waren für ihn Gastarbeiterkinder. Das änderte sich – irgendwann war ich die Muslima. Dann gab es Gespräche mit Lehrern über die Anschläge vom 11. September oder über den Karikaturenstreit. Da war es egal, ob man einen Hintergrund aus Pakistan, der Türkei oder Marokko hatte – man war Muslim. Man kam also nicht mehr aus dem Ausland, sondern aus dem Islam – wobei zwischen Deutschen und Muslimen unterschieden wurde.

Die Ausbildung von Lehrkräften und pädagogischen Kräften muss sich meines Erachtens in diesem Bereich ändern. Sie müssten sich in ihrer Ausbildung verpflichtend mit den Themen Rassismus, Ausgrenzung, Diskriminierung und Antisemitismus ausein-

> **Ich bin religiös aufgewachsen und war viel und gerne in der Moschee der Gemeinde. Ich habe nicht täglich fünfmal gebetet, bin aber mit islamischen Wertvorstellungen groß geworden.**

SABA-NUR CHEEMA

andersetzen, und zwar schon in der universitären Ausbildung – es sollte nicht etwas Optionales sein. Das ist bislang nicht so. In meinen vielen Fortbildungen mit Lehrkräften nehme ich Angst, Unsicherheit und Abwehr wahr, die Heterogenität und die Konflikte der Gesellschaft anzusprechen. Das habe ich nach dem rassistischen Anschlag in Hanau auch gemerkt, als mir engagierte Lehrkräfte sagten, sie wüssten gar nicht, wie sie darüber reden sollen – ihnen fehlen die Sprache, die geeigneten Worte dafür.

Auch religiöse Zugehörigkeit müsste im Unterricht eine Rolle spielen, denn sie ist Heranwachsenden wichtig: Welche Rolle spielt Religion für mich? Welche Rolle spielt sie in der Gesellschaft? Vielleicht auch: Was bedeutet es für mich, mich nicht religiös zugehörig zu fühlen? Die religiöse Selbstverortung ist wichtig für Jugendliche, das merke ich bei den Workshops, die ich mit Jugendlichen mache. Darüber sollte in Schulen gesprochen werden – sonst übernehmen die Falschen diese Rolle. Gerade im Islam sind die Angebote von radikalen Gruppen viel größer. In den sozialen Netzwerken verbreiten diverse Einzelpersonen und Kleingruppen ihr islamistisches Verständnis. Und ich kenne viele Menschen, die ihre Kenntnisse über den Islam aus dem Internet ziehen. Die geben dann auf YouTube »Ist Verhütung im Islam erlaubt?« ein, es kommt ein salafistisches Video hoch – und das wird dann inhaltlich übernommen.

Meine eigene religiöse Verortung ist für manche Menschen inzwischen auch aus einem anderen Grund interessant: Vor eineinhalb Jahren habe ich einen jüdisch-israelischen Mann geheiratet, und letztes Jahr sind wir Eltern geworden – die Reaktion auf meine Familiengründung ist in unserem Umfeld noch nicht abgeschlossen. Viele waren positiv, andere ambivalent. Einige reagierten ablehnend. Aber ich bekomme auch Mails von Menschen, die sich mit mir austauschen möchten – weil sie auch das Gefühl haben, nicht

> **Lehrkräfte müssten sich in ihrer Ausbildung verpflichtend mit den Themen Rassismus, Ausgrenzung, Diskriminierung, Antisemitismus auseinandersetzen, und zwar schon in der universitären Ausbildung – es sollte nicht etwas Optionales sein.**

ins Schema F zu passen. Sie möchten Rat, wie sie ihren Weg gehen können – und wie sie das mit ihren Eltern hinkriegen.

Ich sehe die Darstellung negativer Aspekte des Islams in der Debatte nicht grundsätzlich als ein Problem an – schließlich gibt es beispielsweise islamistische Terroranschläge. Und es bringt wenig zu behaupten, ein Anschlag habe nichts mit dem Islam zu tun, wenn derjenige, der sich in die Luft sprengt, vorher noch »Allahu Akbar« ruft. Anstatt die Verbindung zu leugnen, wäre es besser zu sagen: »Das ist auch Islam, aber es ist nicht mein Islam.« Einfach zu behaupten, der Islam könne nicht so ausgelegt werden, ist falsch. Wenn man sich anschaut, wie die islamischen Staaten der Welt den Islam leben, dann gibt es da massive Schwierigkeiten. Und es gibt sehr viele Probleme innerhalb der muslimischen Gemeinschaften, was die Rolle der Frau, den Umgang mit Homosexualität und Antisemitismus betrifft. Darüber müssen wir sprechen. Aber die positiven Geschichten fehlen. Die Schulbuchanalyse vom Georg-Eckert-Institut hat zum Beispiel ergeben, dass der Islam in Schulbüchern mehrheitlich in negativen Zusammenhängen, wie beispielsweise im Rahmen der Anschläge vom 11. September in den USA, vorkommt. Muslimisches Leben in Deutschland wird zu wenig vermittelt; es fehlen die positiven und alltäglichen Geschichten, die ebenfalls Teil der Realität sind.

> **Es gibt sehr viele Probleme innerhalb der muslimischen Gemeinschaften, was die Rolle der Frau, den Umgang mit Homosexualität und Antisemitismus betrifft.**

Muslim:innen selbst sehe ich in diesen Debatten nicht immer in einer passiven Position. Sie sind inzwischen Teil der Debatte. Es ist nicht mehr so wie vor dreißig Jahren, wo es keine Muslime gab, die in der Öffentlichkeit präsent waren; es verändert sich etwas, wenn auch langsam. So haben wir beispielsweise immer mehr Menschen in der Politik, die muslimisch sind.

Im Leben ist Liebe wichtig, und an sich selbst zu glauben. Dafür braucht man aber Menschen, die an einen glauben: Mein wesentliches Empowerment war die Liebe in der Familie.

Für mich war entscheidend, dass ich mir nicht habe einreden lassen, als Muslimin Din-

SABA-NUR CHEEMA

ge nicht machen zu können. Viele Heranwachsende werden von diesem Reden geprägt, als Ausländer oder Musliminnen könnten sie nicht machen oder schaffen, was sie sich wünschen: Meinem Bruder ist in der zehnten Klasse von der Lehrerin empfohlen worden, er solle eine Ausbildung zum Kfz-Mechaniker machen – Abitur und Uni, das wäre nichts für ihn. Er hat studiert und ist heute erfolgreich. Dem BioNTech-Gründer, so erzählte er mir, ist der Hauptschulabschluss empfohlen worden. Solche Geschichten gibt es en masse. Wichtig ist, tatsächlich an das zu glauben, was man machen will, und das auch durchzuziehen. Und sich nicht zu schade sein, auch mal nach Hilfe zu fragen.

> **Muslimisches Leben in Deutschland wird zu wenig vermittelt; es fehlen die positiven und alltäglichen Geschichten, die ebenfalls Teil der Realität sind.**

ARZU ASANI
43, RECHTSANWÄLTIN

Ich bin in Hamburg geboren als jüngstes von fünf Kindern. Wir haben in einer Dreizimmerwohnung in Kirchdorf-Süd gewohnt, das ist eine Hochhaussiedlung im Stadtteil Wilhelmsburg. Meine Eltern sind Anfang der 1970er Jahre aus der Türkei nach Deutschland gekommen; meine Großeltern waren ein paar Jahrzehnte vorher aus Aserbaidschan in die Türkei eingewandert. Ich selbst wohne immer noch in Wilhelmsburg – Hamburg ist für mich die schönste Stadt und Wilhelmsburg deren schönster Teil!

Hier bin ich auch zur Grundschule gegangen. Erfahrungen mit Rassismus machte ich dort nicht, sondern bekam Zuspruch und war bei allen Aufgaben schnell und gut. Auf dem Gymnasium wurde es dann schwieriger für mich, zumal gleichzeitig zum Schulwechsel ein familiärer Einbruch stattfand: Meine Schwestern liefen mit Unterstützung meines ältesten Bruders von zu Hause weg. Wir hatten mehr als zehn Jahre keinen richtigen Kontakt – das war schwierig; ich hatte zu Beginn der Gymnasialzeit oft Bauchweh und war traurig. Mein Klassenlehrer war allerdings auch der Vertrauenslehrer der Schule; er hat sich um mich gekümmert, sodass ich schnell gut zurechtkam.

Meine Eltern sind Analphabeten und waren nie in der Schule. Sie haben aber immer gesagt, dass ich Abitur machen und studieren soll. Sie haben keinen Studienabschluss von mir gefordert, sondern sind einfach selbstverständlich davon ausgegangen, dass ich den mache. Es gab keinerlei andere denkbare Option. Das habe ich übernommen und bin nie auf die Idee gekommen, ob ich wohl auf die Realschule gehen sollte. Meinen ersten Berufswunsch habe ich wegen des Studiums auch aufgegeben: Ich wollte Polizistin werden, dachte aber damals, dass man dafür nur eine Ausbildung braucht. In der siebten Klasse hatten wir dann einen Arbeitsblog »Arbeit von Ermittlungsbehörden«. Das hat mir viel Spaß gemacht – und mein Lehrer hat gesagt, dass ich darin sehr gut sei und mir überlegen solle, etwas in der Richtung zu machen. Das brachte mich dazu, Staatsanwältin werden zu wollen, und deshalb habe ich nach dem Abitur Jura studiert.

Das Studium habe ich gehasst, aber durchgezogen, weil ich das Ziel »Staatsanwältin« klar vor Augen hatte. Wer Jura studiert hat, kann anschließend theoretisch Anwältin oder Staatsanwältin oder Richterin werden. Allerdings lernte ich nach dem Studium die Realität kennen: Ich hatte einen Migrationshintergrund, war eine Frau und dann auch noch verheiratet; das führte dazu, dass potentielle Arbeitgeber davon ausgingen, dass ich sicherlich bald Kinder bekomme. Ich konnte mich bewerben, wo ich wollte, nichts hat geklappt. Dazu muss ich sagen, dass die Besetzung beim Gericht bei Strafverfahren so aussah: ein deutscher Richter, ein deutscher Staatsanwalt und ein deutscher Anwalt – und natürlich alle ohne Migrationshintergrund. Also bin ich umgeschwenkt und habe mich als Rechtsanwältin selbstständig gemacht.

Seit etwa acht Jahren werden immer mehr Richter und Staatsanwälte mit Migrationshintergrund angestellt. Heute erlebe ich es auch schon mal, dass Richter, Staatsanwalt und ich als Anwältin einen Migrationshintergrund haben – nur der Angeklagte nicht. Das war zur Zeit meines Studienabschlusses undenkbar. Da spielte Funda Bıçakoğlu eine Staatsanwältin in *Das Strafgericht* – im realen Leben kannte ich allerdings keine einzige.

Als selbstständige Rechtsanwältin startete ich zunächst mit einer Rechtsanwaltsfachangestellten. Ich wurde in den ersten Jahren viel mit Rassismus konfrontiert, auch bei Gericht. Da kamen Sprüche wie: »Was denken Sie denn, wir sind hier nicht auf einem türkischen Bazar!« Kom-

> **Ich wurde in den ersten Jahren viel mit Rassismus konfrontiert, auch bei Gericht. Da kamen Sprüche wie: »Was denken Sie denn, wir sind hier nicht auf einem türkischen Bazar!«**

ARZU ASANI

mentare dieser Art sind weniger geworden. Mir wurde früher auch oft gesagt, dass ich aber gut Deutsch könne. Dass eine in Deutschland zugelassene Anwältin gut Deutsch kann, finden noch immer nicht alle selbstverständlich. Ein bezeichnendes Erlebnis dazu hatte ich zu Beginn meiner Laufbahn: Ich hatte eine Anzeige in der Zeitung geschaltet, in der mein Bild, mein Name und meine Berufsbezeichnung standen, und hatte darunter geschrieben: »Ich berate Sie auch auf Türkisch.« Daraufhin bekam ich heftige Drohbriefe von einem Nazi, in denen er mit der ganzen Palette bis hin zu Mord drohte. Ich habe die Briefe bei der Polizei abgegeben und Strafanzeige gestellt. Dann bekam ich einen Anruf von einem Kriminalpolizisten, der mich ernsthaft fragte, wieso ich diese Anzeige geschaltet hätte: Ich hätte doch schreiben können, dass ich auch in Deutsch berate. Dass ich Türkisch könne, sei ja klar. Ich erwiderte, Deutsch sei meine erste Sprache und für eine deutsche Anwältin auch selbstverständlich – das Extra sei das Türkische. Anstatt zu ermitteln, wer mich mit Mord bedrohte, erklärte er mir, schon verstehen zu können, dass so eine Anzeige manchen Leuten aufstoße. Daraufhin habe ich eine Dienstaufsichtsbeschwerde gegen ihn geschrieben. Er rief dann noch einmal an und hat sich entschuldigt. Im Bereich Rassismus habe ich schon vieles erlebt und innerlich dann auch wieder zur Seite gelegt, um weiterzumachen.

Seit etwa acht Jahren werden immer mehr Richter und Staatsanwälte mit Migrationshintergrund angestellt.

Nach dem Start meiner eigenen Praxis, die ich allein führte, habe ich vor der Geburt meiner Tochter eine Kollegin gebraucht, die für mich arbeitet, wenn ich mal verhindert bin. Ich habe eine Studienfreundin angesprochen, die Polnisch spricht. Da meine Rechtsanwaltsfachangestellte einen jugoslawischen Hintergrund hat und Serbokroatisch spricht, können wir jetzt für Menschen tätig werden, die kaum Deutsch verstehen aber Türkisch, Polnisch oder Serbokroatisch sprechen, ohne einen Übersetzer von draußen. Unterschiedliche Sprachen anzubieten, finde ich sehr wichtig, weil viele Menschen sich sonst nicht erklären können: Ich habe oft die Erfahrung gemacht, dass Dolmetscher vor Gericht sehr schlecht übersetzen und dadurch die Menschen in Teufels Küche bringen. Ich erhebe dann Einspruch und bitte darum, ordnungsgemäß zu übersetzen. Wenn jemand wie ich nicht da ist, kommen Menschen grundlos in Schwierigkeiten: Es ist deshalb wichtig, dass der Anwalt beim Beratungsgespräch den Klienten richtig versteht – noch viel wichtiger ist aber, dass vor Gericht richtig übersetzt wird. Das betrifft nicht nur Menschen mit Migrationshintergrund: Es gibt auch Deutsche, die wegen ihres Intellekts Fragen nicht richtig verstehen – da finde ich es dann auch gemein, wenn so jemand ohne gute Vertretung vor Gericht geht.

Ich denke, es müsste mehr Menschen mit vielfältigen Sprachkenntnissen unter den Anwälten, Richtern und Staatsanwälten geben, um sicherzustellen, dass es Rechtsgleichheit gibt. Es gibt viele Menschen, die Hilfe brauchen – aber es gibt immer noch zu wenige auf der Seite der Helfenden.

Neben meiner Kanzlei bin ich auch ehrenamtlich tätig: Den Verein »Arbeitsgemeinschaft selbstständiger Migranten« kenne ich schon seit meiner Studienzeit. Zunächst habe ich rechtliche Unterstützung geleistet – Mitglieder konnten mich bei juristischen Fragen direkt ansprechen. Später habe ich dann auch Vorträge, etwa zum Arbeitsrecht, gehalten, und seit vielen Jahren bin ich auch im Vorstand aktiv. Was mir besonders an dem Verein gefällt ist, dass er nicht politisch ist: Wir haben bislang mit jeder Partei zusammengearbeitet, die in Hamburg regiert hat, und engen Kontakt mit den Bürgermeistern gehalten. Bei anderen Vereinen ist das anders. Eines unserer Hauptanliegen ist es, mehr Ausbildungsplätze zu schaffen. Wir beraten auch junge Menschen mit Migrationshintergrund und bringen sie in Ausbildungsplätzen unter, damit sie nicht ohne Perspektive bleiben. Zu unseren größten Erfolgen gehören die »Hackfleisch-Seminare«. Der Name klingt zunächst lustig – die Seminare haben aber vielen Migranten die Möglichkeit eröffnet, ihre eigene Fleischerei zu betreiben. Vorher konnte ein türkischer Fleischer, der keine Ausbildung in Deutschland gemacht hatte, hier keine Fleischerei eröffnen. Er musste sich einen deutschen Meister suchen, mit dem er die Fleischerei eröffnet, um dann selbst dort arbeiten zu dürfen. Um das zu vermeiden, hat der Verein die Seminare in Zusammenarbeit mit der Stadt angeboten. Dort konnten Zertifikate erworben werden, mit denen die Teilnehmer ihre eigene Fleischerei eröffnen konnten. In den letzten zehn Jahren hat sich am Arbeits-

ARZU ASANI

markt für Menschen mit Migrationshintergrund zum Glück viel getan.

Heranwachsenden Frauen würde ich raten, unbedingt zur Schule zu gehen, einen Abschluss und auch eine Ausbildung zu machen. Der Schlüssel zu allem liegt in der Bildung! Bildung bringt einen nicht nur beruflich weiter, sondern auch geistig. Man entwickelt ein anderes Verständnis für all die Fragen, die das Leben mit sich bringt. Ich finde auch, dass man mit dem Leben insgesamt besser umgehen kann, wenn man eine Berufsausbildung hat und arbeiten geht. Sonst bleibt man persönlich und sozial stehen. Wenn eine Frau sich sagt, keinen Abschluss und keine Ausbildung zu brauchen, weil sie ohnehin Kinder bekommt – dann ist das nicht nur eine finanzielle Frage, sondern auch eine der eigenen Entwicklung: Man hat keine sozialen Kontakte; viele Erlebnisse und Erfahrungen kann man nicht machen. Wenn eine Frau sich auf einen Mann verlässt, sich auf ihn verlassen muss, ist sie vorsichtiger und zurückhaltender und weniger selbstbewusst – ich weiß nicht, ob das glücklich machen kann.

Mich hat ein Satz meines Vaters sehr geprägt. Mein Vater liebte seine Mutter sehr, die ihn und seine Geschwister allein versorgt hat. Mein Vater sagte mir oft: »Du musst so sein, dass du nicht in die Hand eines Mannes gucken musst.« Das bedeutet, auf eigenen Beinen zu stehen, damit niemand einem etwas sagen kann. Dieser Anspruch hat mich durchs Leben geführt. Ich würde allen jungen Frauen wünschen: Bildet euch und lernt etwas, damit ihr niemals in die Hand eines Mannes gucken müsst!

> **Ich denke, es müsste mehr Menschen mit vielfältigen Sprachkenntnissen unter den Anwälten, Richtern und Staatsanwälten geben, um sicherzustellen, dass es Rechtsgleichheit gibt.**

Dr. LALE AKGÜN
68, PSYCHOTHERAPEUTIN, AUTORIN, EHEMALIGES SPD-MdB

Ich bin 1953 in Istanbul geboren und am 15. September 1962 nach Deutschland gekommen: also vor 60 Jahren. Trotzdem wird immer noch nach meinen Wurzeln gefragt, wenn ich auf Podien vorgestellt werde. Wenn ich so lange in den USA gelebt hätte, würde ich dort als Psychologin oder Politikerin vorgestellt werden – nicht als in Istanbul, Wanne-Eickel oder Washington geborene Frau. Deutschland ist aber ein durch und durch ethnisch geprägtes Land, und ich werde hier als ethnische Türkin gelesen, weil ich in Istanbul geboren bin. Durch meine Vorfahren der letzten drei Generationen habe ich aber albanische, griechische, aserbaidschanische, iranische und türkische Wurzeln.

Obwohl in Deutschland 20 Millionen Menschen irgendeinen Migrationshintergrund haben, ist das Bild vom autochthonen Deutschen sehr klar in den Köpfen verankert. Von Menschen wie mir mit türkischen Wurzeln gibt es hingegen das respektlose Bild der ungebildeten unterdrückten Frau. Meine Eltern und Großeltern waren Akademiker, das ist meine Prägung. Aber es gibt nur den »Arme-Ungebildete-Topf« für Türken. Dieses Bild besteht auch in der Politik. Da werden inzwischen mehr Menschen mit Migrationshintergrund aufgestellt – die Schlüsselposten werden jedoch weiterhin von autochthonen Deutschen besetzt. Die anderen müssen nehmen, was übrig bleibt. Wie etwa Cem Özdemir, der nicht prädestiniert zum Landwirtschaftsminister ist – aber dieses Ministerium blieb für ihn halt übrig. Man kann also auch als Bundesminister diskriminiert werden.

Anstatt Probleme beim Namen zu nennen und zugleich eine Normalisierung zu ermöglichen, erfindet die Politik Begriffe wie »Menschen mit Migrationshintergrund« oder »Menschen mit internationaler Familiengeschichte« – anstatt zu sagen: »Das sind alles unsere Bürger.« Wir haben in Deutschland – völlig unabhängig von der Herkunft – bürgerliche Hochgebildete, weniger Gebildete, Ungebildete und proletarische Bürger. Na klar, wir haben auch Asis. Das ständige Referenzieren auf die Herkunft ist Rassismus.

Aber anstatt eine Antirassismuspolitik zu machen, setzt man lieber auf Symbolpolitik. Da nimmt man eine 31-jährige Frau aus MeckPomm und macht sie zur Staatsministerin für Integration. Sie wird voraussichtlich nicht viel zu melden haben (na, hoffentlich irre ich mich!), kann aber auf Fotos präsentiert werden, nach dem Motto: »Wir tun was.«

Deutschland ist zur Einwanderung gekommen wie die Jungfrau zum Kinde und fühlt sich bis heute nicht als Einwanderungsgesellschaft, obwohl dieses Land de facto ein Einwanderungsland ist. Und folglich hat es die Gesellschaft bis heute nicht verstanden, eingewanderte Menschen hier aufgehen zu lassen. Wenn ich nach 60 Jahren in diesem Land noch gefragt werde, ob ich schon mal Spargel gegessen habe, macht mich das nur noch wütend.

2002 habe ich für die SPD in Köln ein Direktmandat gewonnen und bin in den Bundestag eingezogen – als erste türkischstämmige Frau. Ich war voller Hoffnung, es würde sich etwas ändern. Es hat sich aber nichts geändert. RTL und VOX tun heute mehr für die gesellschaftliche Integration als die Politik. In einer Sendung wie *Das perfekte Dinner* treten ganz selbstverständlich Menschen auf, die aus irgendeinem Land kommen, etwas kochen, was von den anderen gegessen und kommentiert wird – in der Art, es sei ein netter Abend gewesen. Mal ist das Dinner perfekt, mal nicht. Aber es hat nichts mit der Herkunft des Gastgebers zu tun. Einfach nur großartig!

In den Mittelschichtsdiskussionsrunden wird alles immer problematisiert und gleichzeitig so getan, als dürfe man über Probleme nicht reden. Die wirklichen Probleme werden nicht genannt, weil man nichts dagegen unternehmen will. Politischer Islam ist zum Beispiel ein großes Problem – aber

> **Deutschland ist zur Einwanderung gekommen wie die Jungfrau zum Kinde.**

Dr. LALE AKGÜN

nicht für die deutsche Politik, sondern für muslimische Menschen: Das Negieren der durch den politischen Islam entstehenden Probleme bringt säkulare Muslime dazu, lieber den Mund zu halten. Weil die Politik – völlig auf die organisierten orthodoxen Muslime konzentriert – sogar ihre Existenz übersieht. Ich kann zum Beispiel nicht mehr in die Türkei einreisen und werde den ganzen Tag per E-Mail von Islamisten beleidigt, die – wie sie es so nett formulieren – »meine Mutter ficken wollen«. Diese Probleme kennen Politiker natürlich nicht, die in die Moschee gehen und sich dort völlig unpolitisch geben. Nur nett. Man klopft sich gegenseitig auf die Schulter und übt sich in Ritualen. Ist eigentlich den meisten Politikern klar, dass man als türkischstämmiger Mensch seine Meinung über die Türkei nicht öffentlich äußern kann, ohne dass die langen Ohren des Erdoğan-Regimes mithören, einen anschwärzen und man um sein Leben und das seiner Verwandten in der Türkei fürchten muss? Würde man den Mut haben, über die Probleme in den islamischen Gemeinschaften zu reden, hätte man zugleich der AfD eine Waffe weggenommen.

> **Die wirklichen Probleme werden nicht genannt, politischer Islam ist zum Beispiel ein großes Problem.**

Antiislamischen Rassismus gibt es nicht, da der Islam keine Rasse ist. Es gibt natürlich Islamfeindlichkeit in diesem Land, aber wie begegnet man dieser Islamfeindlichkeit? Und warum wird berechtigte Kritik mit Islamfeindlichkeit in einen Topf geworfen? Ohne Kritik gibt es keine Veränderung!

Die meisten Muslime in Deutschland interessieren sich nicht übermäßig für Religion. Das ist nicht anders als bei den Christen auch. Die erinnern sich nur noch an bestimmten Tagen: »Ah, richtig, ich bin ja Muslim und heute ist Ramadanfest, ich muss meine Großmutter anrufen.« Ich bin überzeugt, dass deutsche Politiker öfter zum Fastenbrechen gehen als manche Muslime.

Die Kölner Oberbürgermeisterin Reker hat im vergangenen Herbst aus dem luftleeren Raum gesagt: »Wir müssen den Muezzin-Ruf einführen.« Warum das denn? Ich finde, wir sollten stattdessen das Kirchenglockenläuten abschaffen. Wer braucht das Glockenläuten, um sich zu erinnern, zur Messe zu gehen? Einen Muezzin-Ruf braucht auch niemand. Es gibt ja Uhren. Der Kölner Muezzinruf hat allerdings eine starke politische

Konnotation: Erdoğan wird ihn instrumentalisieren. Meiner Meinung nach sollte der Muezzin, wenn überhaupt, auf Deutsch rufen, damit die Leute ihn auch verstehen. Außerdem könnte man auch eine Frau rufen lassen – das wäre mal eine Innovation!

Stattdessen gibt es immer noch Bekenntnisunterricht an Schulen. Der sollte zugunsten religionskundlichem Unterricht abgeschafft werden. Das Bekenntnis können die Familien übernehmen, wenn sie das möchten. Aber leider wagt sich auch an dieses Thema keine Partei, weil niemand es sich mit den Kirchen verderben und deren Macht beschneiden will – obwohl es so viele Kirchenaustritte gibt und die Zahl der Kirchenmitglieder in Deutschland inzwischen auf 51 % gesunken ist. Tendenz weiter sinkend. Alle regen sich darüber auf, dass Moscheeverbände die gleichen Rechte bekommen sollen wie die großen Kirchen. So ist das nun mal in einem demokratisch geführten Staat. Entweder nimmt man den Kirchen ihre Privilegien weg oder die Moscheeverbände bekommen sie auch. Das nennt man Äquidistanz des Staates zu den Religionsgemeinschaften.

> **Wer gibt den Politikern das Recht, von sechs Millionen Muslimen zu reden, wenn die Verbände weniger als eine Million Mitglieder haben?**

Die vier großen muslimischen Verbände haben zusammen weniger als eine Million Mitglieder. Der christlichen Religion zugehörig wird gleichzeitig nur gezählt, wer Kirchensteuer zahlt. Wer gibt den Politikern also das Recht, von sechs Millionen Muslimen zu reden, wenn die Verbände weniger als eine Million Mitglieder haben? Es gibt sehr viele säkulare Muslime, die man mitzählt, obwohl sie nicht gezählt werden wollen. Da die Augen zu öffnen, würde den Blick auf den Islam ändern.

Jungen Frauen möchte ich sagen, dass die Jahrhunderte alten Auslegungen des Korans von Männern für Männer gemacht worden sind. Das Patriachat und die Weltreligionen befinden sich in gutem Einvernehmen! Lest stattdessen den Koran selbst – in eurer Muttersprache. So wie Gott nicht nur Arabisch spricht, kennt der Islam auch keine religiösen Sekten, das haben Männer erfunden, um sich ihre Pfründe zu sichern – jeder Mensch kann den Koran selbst lesen und auslegen. Ihr könnt also selbst schauen, welche Suren heute anders verstanden werden müssen. Nehmt zum Beispiel Sure 5:51 des Koran.

Dr. LALE AKGÜN

Da steht: »Ihr, die ihr glaubt! Nehmt euch die Juden und Christen nicht zu Freunden! Sie sind einander Freunde. Wer von euch sich ihnen anschließt, der gehört zu ihnen. Siehe, Gott leitet die Frevler nicht recht.« In diesem Fall, sagen einige Funktionäre, müsse man den historischen Hintergrund betrachten und das heute anders auslegen. Heute sei die Sure nicht mehr gültig. Wunderbar! Und was ist mit der Sure 4:34, »Schlagt Eure Frauen!«, oder der Sure 24:31, wo es um die Bedeckung der Frau geht? Die sind auch nicht mehr zeitgemäß, sondern lediglich Instrumente der Frauenunterdrückung! Der Islam ist eine wunderbare Religion, ich bekenne mich zum Islam und bin eine Muslimin mit einer feministischen, weltoffenen und zeitgemäßen Deutung: Wenn vor 1400 Jahren den Frauen gesagt wurde, »bedeckt euch, damit ihr in Sicherheit seid«, dann gilt das heute nicht mehr – denn ich muss mich ja nicht bedecken, um in Sicherheit zu sein.

Ich kann nur appellieren: Seid stolz auf eure Religion, aber nicht in der Auslegung von Männern, die euch zu einem zweitklassigen Wesen abstempeln wollen! Lest stattdessen feministische muslimische Theologinnen, lest *Nehmt den Männern den Koran! Für eine weibliche Interpretation des Islam* von Nahed Selim. Dann seht ihr, dass man eine sehr gute Muslimin sein kann, ohne sich von den Männern unterdrücken zu lassen.

Besinnt euch darauf, dass ihr zuerst Frauen seid. Als Frauen habt ihr die gleichen Rechte wie Männer! Wenn das Muslimsein euch als Frauen unterdrücken will, dann wehrt euch. Ihr dürft euch auch nicht von anderen einflüstern lassen, was gut und richtig für euch ist. Nicht vom Imam, nicht von euren Eltern, nicht von der Gesellschaft und auch nicht von der Mehrheitsgesellschaft, die sagt, »du bereicherst mich so mit deinem Kopftuch«. Die Bereicherung von anderen kann euch egal sein, ihr seid wichtig! Fragt euch, »was will ich als Frau, wo ist mein Platz?« Er ist keinen Millimeter hinter dem Mann! Wenn der Shorts anzieht, zieht ihr auch Shorts an. Und wenn der sich eine Wampe hängen lässt, esst euch auch eine Wampe an. Viele muslimische junge Frauen wollen beiden Schönheitsidealen entsprechen, den westlichen und den muslimischen: Sie sind oft zu dünn und tragen Kopftuch. Diesen jungen Frauen möchte ich zurufen: Wollt ihr dünn sein oder stark? Ihr seid das Wichtigste! Nicht die Erwartungen an euch!

HÜLYA SÜZEN
39, OBERFÄHNRICH, BUNDESWEHR

Ich bin gebürtig aus Stade in Niedersachsen, bin als Kind zwei Jahre bei meinen Großeltern in der Türkei gewesen und dann in Hessen und Rheinland-Pfalz aufgewachsen. Ich habe fünf jüngere Geschwister und türkisch-kurdisch-arabische Wurzeln. Meine drei Muttersprachen sind Kurdisch, Türkisch und Deutsch. Meine Eltern waren noch im Teenageralter, als ich zur Welt kam. Dennoch hat mein Vater an der Abendschule später Abitur gemacht und Medizin studiert. Das hat mich geprägt, weil es zeigt, dass wo ein Wille ist, auch ein Weg ist.

Den deutschen Pass habe ich mit 16 bekommen, das hat an meinem Zugehörigkeitsgefühl nichts geändert: Schon vorher sah ich mich als Teil des Ganzen. Die Fremdwahrnehmung war und ist anders. Ich werde selbst in Uniform heute noch gefragt, ob ich einen deutschen Pass habe.

Meine erste starke Rassismuserfahrung hatte ich als junge Teenagerin. Da wollte ich unbedingt mal ausprobieren, ein Kopftuch zu tragen. Meine Eltern haben es mir in der Schule nicht erlaubt, um Stress zu vermeiden. In der Freizeit durfte ich es tragen, wurde aber nach wenigen Wochen von zwei Kinder angegriffen, die mich mit unschönen Bezeichnungen beschimpften und mir eine Glasscherbe an den Hals hielten. Meine Mutter hat das vom Fenster aus gesehen und kam heruntergerannt. Ich war immer schon stark und konnte mich allein befreien – aber es war trotzdem eine befremdende Erfahrung. Danach haben mir meine Eltern ganz verboten, ein Kopftuch zu tragen.

Unterschwelligen Rassismus gab es auch. Meine Mathelehrerin hat zu mir gesagt, sie werde dafür sorgen, dass ich keinen Hauptschulabschluss mache. Sie hat mich sitzenbleiben lassen – ich hatte sieben Einsen im Zeugnis und eine Sechs in Mathe. Sie wollte mich scheitern sehen. So etwas gibt es im Schulsystem meiner Erfahrung nach oft. Zum Glück habe ich einen sehr liebevollen, intelligenten und besonnenen Vater, der mich in solchen Situationen immer aufgefangen und mir Mut zugesprochen hat.

Als Kind wollte ich Ritter werden. Die Prinzessin hat immer Probleme, ist unfähig, muss gerettet werden und muss dann auch noch den heiraten, der sie gerettet hat. Das hat mich immer an anatolische Zwangsehen erinnert. So wollte ich nicht enden! In den Filmen mochte die Prinzessin ihren Retter, aber was wäre, wenn sie von jemandem gerettet würde, den sie nicht mag? Ich wollte die Lösung sein, nicht das Problem. Als ich hörte, dass es keine Ritter mehr gibt, wollte ich Soldat werden. Damals gab es noch keine Frauen bei der Bundeswehr – ich dachte mir aber, dann eben die erste zu werden. Mit 14 habe ich auch versucht, mein Schulpraktikum bei der Bundeswehr zu machen. Ich habe mit dem Kommandeur eines Fliegerhorstes in Süddeutschland telefoniert. Der ermunterte mich, an meinem Wunsch dranzubleiben – die Zeit der Frauen in der Bundeswehr würde kommen.

Nach dem Realschulabschluss war die Zeit dann da: Ich habe mich bei der Bundeswehr beworben und habe während der Bewerbungsphase auf Wunsch meines Vaters noch ein Pflegepraktikum gemacht. Er hoffte, dass ich doch noch Ärztin werden würde. Als ich mich dann bei der Bundeswehr vorstellte, um eigentlich Pilotin oder Mechanikerin zu werden, wurde ich für den Sanitätsdienst verpflichtet, weil es da einen Mangel gab und ich schon Vorkenntnisse hatte.

Meine Großfamilie hatte anfangs ein Problem mit meinem Berufswunsch – ein Mädchen in einem Heer von Männern! Und dann noch in einer Armee, die ein Kreuz als Symbol hat. Mein Vater sagte dann einen kurdischen Spruch: »Ein Löwe ist ein Löwe, egal ob Mann oder Frau.« Und meinte, seine Tochter sei ein Löwe und mache das. Von dem Tag an waren alle still, und mein Großvater war später sehr

> **Ich werde selbst in Uniform heute noch gefragt, ob ich einen deutschen Pass habe.**

HÜLYA SÜZEN

stolz auf mich. Er hat zehn Kinder und über hundert Enkel und Urenkel – und in seinem Arbeitszimmer hingen genau zwei Bilder: eines von meinem Vater im Arztkittel und eines von mir in Uniform.

Eine meiner ersten Erfahrungen bei der Bundeswehr war das Essen: Es gab damals immer nur ein Gericht, und wenn ich kam, wurde quer durch den Raum »Moslemkost« gebrüllt – und ich bekam dann den Beilagenteller. Wenn du 19 Jahre alt bist und 200 Leute aufhören zu essen und dich anstarren, ist das unangenehm. Aber es gab auch schöne, nicht erwartete Erlebnisse: In der Grundausbildung hat mir mein Gruppenführer den Gebetsraum gezeigt. Er meinte, wenn ich beten wolle, brächten sie mich hierher, selbst wenn wir auf Übung wären. Ich habe mich fast geschämt, dass ich nicht fünf Mal am Tag bete. Aber ich glaube an Gott und glaube, dass Er jedem so viel gibt, wie er tragen kann, und manche will er zu Bodybuildern machen. Ich gehöre zur Kategorie Bodybuilder.

Eine meiner härtesten Erfahrungsketten begannen mit meinem Einsatz im Kosovo. Ich war nach diesem Einsatzerlebnis sehr glücklich, gesund und heil nach Hause zu kommen. Dann passte mein Wohnungsschlüssel nicht mehr: Mein damaliger Mann hatte meine Abwesenheit genutzt, um die Schlösser auszutauschen, die Konten leerzuräumen und mir überhaupt alles wegzunehmen, was ich besaß. Um einen Ausgleich für dieses Erlebnis zu haben, begann ich zu boxen. Ich wurde mit über 30 also nebenberuflich Profiboxerin. Ich stand auf für das Boxen, aß für das Boxen, lebte für das Boxen. Eineinhalb Jahre später erlitt ich während eines Trainingskampfes eine Hirnblutung, und es war klar, dass ich meinen Sport nicht mehr würde ausüben können. Diese Erfahrung war einerseits die schrecklichste meines Lebens – und veränderte zugleich vieles zum Positiven: Die Bundeswehr hatte damals eine zentrale Ansprechstelle für Soldatinnen und Soldaten anderer Glaubensrichtungen (ZASaG) gegründet und suchte dafür Leute. Ich habe angerufen und darauf gedrängt, mich vorstellen zu dürfen. Eigentlich ging das nicht, da ich im Mittleren Dienst war und die Stelle für den Höheren Dienst ausgeschrieben war. Ich durfte mich dann aber doch vorstellen

> **Meine Großfamilie hatte anfangs ein Problem mit meinem Berufswunsch.**

und bekam den Job aufgrund einer Sonderregelung für kranke Soldaten, die innerhalb der Bundeswehr überall eingesetzt werden dürfen, wo es ihnen guttut. Und ich war so gut auf diesem Posten, dass eine auf mich zugegossene Stelle dort eingerichtet wurde, ich zur Berufssoldatin und zur Offiziersanwärterin gemacht wurde. Jetzt habe ich die Zulassung bis in den Höheren Dienst, dank der Hirnblutung.

Nach der Reha habe ich auch gleich mein erstes Studium aufgenommen. Ich hatte beschlossen, mein Gehirn, mein Bewusstsein, nie wieder zu gefährden, sondern stattdessen zu fördern. Ich studiere seitdem abends in meiner Freizeit und beende gerade meinen dritten Master und habe dann Abschlüsse in Diversity Management (cand.), Geschichte und Philosophie. Hauptberuflich bin ich nach wie vor Soldatin und fühle mich zu Hause in der Truppe. Die Uniform hebt viele Unterschiede auf. Es gibt einen eigenen Habitus und einen eigenen Jargon, in dem man sich wiederfindet und zusammenkommt. In Uniform werde ich viel weniger in Frage gestellt als in Zivil.

Das merke ich seit der »Flüchtlingskrise« besonders stark. Ich habe seither mehrfach Angriffe gegen mich erlebt. Das hat mich erschrocken, zumal ich niemand bin, der optisch sehr auffällt, und ich zudem Deutsch spreche. Da fragt man sich schon, wie es wohl für jemandem ist, der vielleicht ein Kopftuch trägt oder eine dunklere Hautfarbe hat oder nicht gut Deutsch spricht. Was erfahren dann diese Menschen? Mit Patriotismus haben alle diese Ausgrenzungen und Angriffe nichts zu tun: Ich wollte einmal einem Freund das Ehrenmal des Heeres auf der Festung Ehrenbreitstein in Koblenz zeigen und sah, wie gerade jemand dagegen pinkelte. Ich habe ihm gesagt, dass er das unterlassen soll. Er ist mich angegangen, ich hätte kein Recht, mich darüber aufzuregen, ich sei ja keine Deutsche. Ich meinte, dass ich jedes Recht dazu hätte, weil ich diesem Land seit mehr als einem Jahrzehnt diene. Das machte ihn nur noch aufgeregter, bis er meinte, man werde uns später verbrennen, wie einst die Juden. Es war sehr erschreckend. Und auch absurd, weil er aufs Ehrenmal des deutschen Heeres gepinkelt hat – was ein wirklicher Patriot doch wohl nicht machen würde.

> **In Uniform werde ich viel weniger in Frage gestellt als in Zivil.**

HÜLYA SÜZEN

Gesellschaftlich wünsche ich mir, dass wir Toleranz und Akzeptanz nicht mehr verwechseln. Toleranz bedeutet »ertragen«. Ich will keine Toleranz, ich will Akzeptanz. Und wir müssen mehr auf die Gemeinsamkeiten als auf die Unterschiede achten. Wir betonen die Unterschiede und wollen dann, dass man die toleriert, nach dem Motto: »Du bist so unterschiedlich, und ich ertrage dich trotzdem.« Oh, sehr gnädig, danke. Stattdessen sollten wir mit dem gemeinsamen Nenner anfangen, dass wir alle Menschen sind. Es geht darum, ob man einen anständigen Menschen vor sich hat, nicht welches Geschlecht, welche Religion oder Hautfarbe er hat.

Jungen Frauen würde ich empfehlen, nie aufzugeben! Es ist wichtig, Ziele zu haben und die Ziele im Auge zu behalten. Wer keine Ziele hat, verläuft sich. Als Frau wird dir immer erklärt, was du nicht kannst. Mach die Grenzen dieser Leute nicht zu deinen eigenen. Frauen werden viel mehr be- und verurteilt als Männer. Als Frau wirst du komisch angeguckt, wenn du keine Kinder hast und dich auf deinen Beruf konzentrierst; wenn du Kinder hast, wird kritisiert, dass du deshalb ausfällst bei der Arbeit. Männer maßen sich auch an, über das Gewicht einer Frau zu sprechen, maßen sich an, darüber zu urteilen, wenn eine Frau graue Haare hat – unsere Gesellschaft ist da bei Weitem nicht so weit, wie wir meinen. Bei mir kommentieren Männer wegen meiner Studien und meinem Beruf immer: »Wer soll denn da mithalten?« Dabei geht es gar nicht um einen, der mithält – die meisten halten es nicht einmal aus. Frauen fühlen sich hingegen nicht minderwertig, wenn sie einen Mann haben, der größer ist und mehr verdient. Ich meine, Frauen sollten sich nicht klein machen, nur damit der Mann keine Angst bekommt, und wünsche jungen Frauen stattdessen, bei sich selbst zu bleiben und nicht darauf zu achten, irgendjemandem zu gefallen oder Rollenbilder zu erfüllen. Wenn man anfängt, jemandem gefallen zu wollen, gefällt man der wichtigsten Person nicht mehr: sich selbst.

> **Gesellschaftlich wünsche ich mir, dass wir Toleranz und Akzeptanz nicht mehr verwechseln. Toleranz bedeutet »ertragen«. Ich will keine Toleranz, ich will Akzeptanz.**

VILDANE ABDELATIF

56, BESTATTERIN

Geboren bin ich in Zile in der Türkei. Als ich sechs Jahre alt war, sind wir nach Nevsehir in Kappadokien gezogen, dort wurde ich eingeschult und habe die erste Klasse in Nevsehir besucht.

Durch Empfehlung eines Freundes haben sich meine Eltern entschlossen, für kurze Zeit in Deutschland zu arbeiten. Bei der »Musterung« für die Einreisegenehmigung nach Deutschland wurde mein Vater nicht genommen, weil er im Urin ein Bakterium hatte, aber meine Mutter durfte nach Deutschland. Somit wagte es meine Mutter, auf Bitten meines Vaters, 1971 die Reise nach Deutschland als Gastarbeiterin allein anzutreten.

Ich wurde zu meinen Großeltern aufs Dorf gebracht und habe dort die zweite Klasse besucht. Meine Großeltern durften natürlich nicht wissen, dass meine Mutter alleine nach Deutschland gegangen war – ich habe also nichts erzählt. Mein Vater hingegen war weiterhin ebenfalls alleine im 600 Kilometer entfernten Nevsehir.

Nach einem mühseligen und harten Jahr voller Ängste und Heimweh hat meine Mutter es dann 1972 geschafft, uns nach Deutschland nachzuholen.

Wir haben in Frankfurt direkt am Main gewohnt, meine Eltern haben bei der Firma Aulbach Textilien gearbeitet. Ich konnte die ersten Monate über noch nicht zur Schule gehen, sondern musste etwa zwei Monate bis zum nächsten Schuljahresbeginn warten. Da meine Eltern Angst hatten, dass mir im fremden Land ohne Deutschkenntnisse etwas passieren könnte, haben sie mich, wenn sie zur Arbeit gingen, allein in unserem möblierten Zimmer gelassen. In dem Zimmer gab es nur eine Uhr, auf die ich geschaut habe, bis es 16 Uhr wurde, denn dann kamen immer meine Eltern nach Hause. Mein Vater ging dann mit mir zum Spielplatz, meine Mutter kochte. Bis dahin habe ich am Fenster Autos gezählt oder ein Buch angeschaut, das mein Vater zum Deutschlernen gekauft hatte. Nach den Sommerferien wurde ich eingeschult. Dadurch dass ich kein Deutsch konnte, kam ich wieder in die erste Klasse. Ich habe nichts verstanden, konnte aber schon rechnen, das war meine Stärke.

Meine Mutter war Schneiderin, mein Vater Krankenpfleger. Meine Mutter hatte für meinen Vater als Bügler in ihrer Firma Arbeit gefunden, da aber seine Finger dadurch dick wurden, war die Arbeit für ihn sehr anstrengend. Wir hörten, dass ein Hamburger Krankenhaus Krankenpfleger suchte, und zogen nach Hamburg. Mein Vater wurde wieder Krankenpfleger, meine Mutter fand im Krankenhaus eine Putzstelle, was ihr schwerfiel, da sie lieber als Schneiderin arbeiten wollte.

Ich wurde in Hamburg aufgrund meines Alters in die vierte Klasse eingestuft. Die dritte Klasse habe ich also übersprungen. Meine Deutschkenntnisse waren immer noch gering. Auf meinen Zeugnissen standen Sätze wie: »Vildane ist ein liebes Mädchen, sie bemüht sich.« Benotet werden konnte ich nicht. Da ich von Natur aus eine sehr umgängliche Person bin, fand ich schnell Freunde. Nach der Grundschule hätte ich eigentlich auf die Hauptschule gemusst, aber meine Eltern meinten, ihre Tochter müsse mindestens auf die Realschule. Dort habe ich mich durchgeboxt und bin auch von Schulfreunden unterstützt worden. Nach der Mittleren Reife habe ich die Fremdsprachenschule besucht, als Notlösung, da ich keinen Ausbildungsplatz gefunden hatte. Ich wusste nicht, was ich machen wollte. Dadurch wurde ich Fremdsprachenkorrespondentin und habe Französisch, Spanisch, Englisch und kaufmännische Kenntnisse erlernt. Danach habe ich auch noch Groß- und Außenhandelskauffrau gelernt und anschließend eine Weile in einer deutschen Firma gearbeitet.

Damals war es üblich, Importbräutigame aus der Türkei zu holen. In unserer Nähe wohnten vielleicht vier oder fünf türkische Familien – wen sollte man da heiraten? Deutsche durften wir damals nicht heiraten. Ich habe also einen Mann aus der Türkei geheiratet und zwei Kinder bekommen. Schnell habe ich gemerkt, dass es große Kulturunterschiede gab: Ich hatte deutsche Freunde und war weltoffener als mein türkischer Mann. Nach

VILDANE ABDELATIF

fünf Jahren habe ich mich von ihm scheiden lassen.

Meine Selbstständigkeit als Bestatterin habe ich dann Mitte der 1990er Jahr begonnen. Im Erziehungsurlaub nach der Geburt meiner Tochter 1993 habe ich mich nicht ausgelastet genug gefühlt, wollte mich weiterentwickeln. Deshalb habe ich an der Abendschule BWL studiert. Mein Vater arbeitete inzwischen in Hamburger Krankenhäusern als Präparator in der Pathologie und erlebte dort die Hilflosigkeit der »Gastarbeiter«, die bei einem Sterbefall nicht wussten, was sie machen sollten. Mein Vater kannte durch seine Arbeit auch viele deutsche Bestatter, da es damals üblich war, beim Abholen der Verstorbenen noch zusammen einen Kaffee zu trinken. Mein Vater schlug mir vor, zusammen ein Bestattungsinstitut zu gründen. Ich hatte Angst vor Verstorbenen und machte schon mein BWL-Studium, er blieb aber hartnäckig und meinte, wir könnten es doch ausprobieren: »Was hast du zu verlieren?« So habe ich mein Gewerbe angemeldet und recherchiert, Konsulate und Behörden angerufen, mit Speditionen gesprochen und mir das ganze Wissen angeeignet. Über meinen Vater bekam ich auch einen Praktikumsplatz bei einem deutschen Bestatter.

Als im Krankenhaus meines Vaters ein Iraner starb, sprachen wir mit den Angehörigen – und das Unternehmen fing langsam an, sich zu entwickeln. Die deutschen Bestatter halfen uns, da wir kein Auto und keinen Sarg zum Transport hatten. Wir hatten zunächst vereinzelte Fälle. In ganz Norddeutschland gab es in den 1990er Jahren vielleicht neunzig Sterbefälle von »Gastarbeitern« pro Jahr, jetzt sind es allein in Hamburg etwa 700 jährlich, denn die Menschen, die in den 1960er und 1970er Jahren nach Deutschland gekommen waren, sind jetzt über siebzig oder achtzig Jahre alt. Die kehren entweder zu Lebzeiten in die Türkei zurück oder versterben hier – dann werden sie überführt. Die neue Generation wird sich wahrscheinlich hier beerdigen lassen, weil die meisten hier Häuser, Firmen und einen Großteil der Familie haben. Importbräutigame gibt es weniger, dafür werden hiesige Türken oder Deutsche geheiratet.

> **Meine Selbstständigkeit als Bestatterin habe ich dann Mitte der 1990er Jahr begonnen. Die deutschen Bestatter halfen uns.**

Die Firma habe ich jetzt seit 28 Jahren. Die schwerste Zeit war am Anfang. Wenn ich zum Beispiel Angehörigen erklären musste, dass ich eine Überführung nicht machen konnte, weil am Wochenende die Behörden zu sind, dann haben einige Türken keinerlei Verständnis gezeigt; ich habe viel Stress damit gehabt. Wenn ich das einem jungen Mann heute erzähle, versteht er es sofort, weil er die deutsche Bürokratie kennt. Vor zehn, fünfzehn Jahren musste ich viel kämpfen, auf beiden Seiten: Auch die deutschen Behörden haben nicht verstanden, dass es schnell gehen muss mit der Überführung und Beerdigung von Muslimen. Oder dass es bei uns keine Sargpflicht gibt. Heute sind viele Hürden überwunden, dafür gibt es jetzt Konkurrenz, für die ich schon viele Hürden im Alleingang beseitigt habe – die Konkurrenz profitiert quasi von meiner Vorarbeit. Damals hatte ich das Monopol. Jetzt bin ich immer noch die Dienstälteste, und als Inhaberin wahrscheinlich die einzige türkische Frau in Deutschland.

Inzwischen habe ich mehrere Angestellte, mein Sohn ist ins Unternehmen eingestiegen, und ich ziehe mich langsam zurück. Alles hat seine Zeit, der Tod steht bei uns allen vor der Tür, und Arbeit ist auch nicht alles. Ich habe 30 Jahre lang doppelt so viel gearbeitet, als wenn ich irgendwo angestellt gewesen wäre, ohne richtigen Urlaub, und ich bin natürlich nie wegen Krankheit der Arbeit ferngeblieben. Ich war Tag und Nacht erreichbar, habe also eigentlich 60 Jahre gearbeitet. Jetzt möchte ich langsam die angenehmen Dinge im Leben genießen und Sachen machen, die mir Spaß machen könnten. Ich würde zum Beispiel gerne Sprachen lernen oder mit meinem Wohnmobil wegfahren und Länder erkunden.

Mein Vater ist 2013 gestorben, meine Mutter 2019. Man kann sich auch als Bestatterin nie und nimmer an den Tod gewöhnen. Vielleicht war es sogar besonders schwer für mich, weil ich den ganzen Tag mit fremden Verstorbenen zugange bin, und plötzlich lag da meine eigene Mutter, mein eigener Vater – das war unfassbar schmerzhaft.

Von Ausländerfeindlichkeit habe ich in meinem Leben nicht viel gespürt. Alle Lehrer und Klassenkameraden waren sehr nett

> **Die deutschen Behörden haben nicht verstanden, dass es schnell gehen muss mit der Überführung und Beerdigung von Muslimen.**

VILDANE ABDELATIF

zu mir. Bei den Behörden gab es natürlich schon Sprüche, wenn ich mich beeilt habe, den Verstorbenen schnell zu überführen: »In unser Land wollt ihr schnell rein und beim Tod wollt ihr auch wieder schnell raus – lernt zu warten!« Solche Erfahrungen waren zwar selten, aber das gibt es überall.

Von deutschen Politikern wünsche ich mir, dass sie sich eine Lupe in die Hand nehmen und unsere Gesellschaft durchleuchten. Deutschland sollte uns ehemalige Gastarbeiter hier so leben lassen, wie es sich eigentlich gehört – ohne die ganzen religiösen Bröckelgruppen zuzulassen, die alle in ihre Richtung ziehen, und keiner kommt richtig voran. Es wäre gut, wenn die Regierung unterstützt, dass der Islam vernünftig und demokratisch gelebt werden kann und gelebt wird. Wenn ein Friedhof ein islamisches Feld hat, muss zum Beispiel innerhalb von zwei Tagen ein Grab geöffnet werden können. Es muss eine Möglichkeit geben, hier islamkonform zu leben,

> **Bei den Behörden gab es natürlich schon Sprüche, wenn ich mich beeilt habe, den Verstorbenen schnell zu überführen: »In unser Land wollt ihr schnell rein und beim Tod wollt ihr auch wieder schnell raus – lernt zu warten!«**

damit kein radikaler Hass entsteht: Deutschland sollte den Islam sanft gleiten lassen, anstatt Undercover-Islam in den Hinterhöfen zu fördern, der von Organisationen finanziert wird, deren Einfluss man hier nicht haben möchte. Diese Lupe sollte jetzt in die Hand genommen werden, um nicht in zehn Jahren etwas zu bereuen, weil die Folgen für die Gesellschaft unangenehm sein könnten.

Jungen Frauen wünsche ich, dass sie sich auf keinen Fall von Männern unterdrücken lassen sollten! Außerdem wünsche ich ihnen, mutig zu sein und das zu machen, was ihnen Spaß bringt, nach dem Motto meines Vaters: »Was hast du zu verlieren?« Gerade in Deutschland sind alle Türen für Weiterbildung etc. geöffnet. Es ist auch nie zu spät, irgendetwas zu beginnen. Wenn es dann nicht klappt, kann man immer noch sagen: »Ich habe es versucht.« Man kann ja immer aufhören. Aber man muss erst mal anfangen. Vielleicht macht es ja Spaß.

Prof. Dr. MIRA SIEVERS
30, JUNIORPROFESSORIN FÜR ISLAMISCHE GLAUBENSGRUNDLAGEN, PHILOSOPHIE UND ETHIK

Ich bin in Neuwied am Rhein geboren und aufgewachsen. Meine Eltern waren beide katholisch – und auch ich habe die typische Sozialisation mit Taufe und Kommunion mitgemacht. Als ich 13 war, begann ich, mich für religiöse Fragen zu interessieren. Das war ein Prozess der Orientierung – ich wollte herausfinden, in welcher religiösen Tradition ich mich zu Hause fühle, und habe mich unter anderem mit dem Islam beschäftigt. Der Koran hat mich sehr angesprochen: Mich hat überzeugt, dass es im Islam eine Freiheit von Mittlerfiguren gibt, und jeder einzelne Mensch eine direkte Gottesbeziehung hat.

Mit 15 bin ich mit Freunden, die aus dem Libanon stammen, für einige Wochen in den Libanon gereist und habe deren Familie besucht. Damals konnte ich schon etwas Arabisch lesen, da ich schnell verstanden hatte, dass man die Sprache können muss, wenn man sich mit dem Koran auseinandersetzen will. Ich habe auch aus Interesse die Grundlagen des dortigen arabischen Dialekts gelernt. Wir waren im Libanon in einem Dorf, wo es zwei kleine Moscheen gab. Ich habe den Wunsch geäußert, die Glaubensbezeugung auszusprechen – nicht spontan, sondern nachdem ich mich in Deutschland lange mit dem Koran auseinandergesetzt hatte. Ich habe mich dann mit dem Imam unterhalten und bin am gleichen Abend konvertiert.

Nach dem Abitur habe ich in Frankfurt am Main Islamische Theologie studiert und hatte das Glück, gute Lehrer:innen zu haben, die mich begeistert haben. Außerdem habe ich früh als studentische Hilfskraft in der Arabischlehre gearbeitet, wodurch ich sowohl in die Organisation des Unterrichts und die Konzeption von Material eingebunden war als auch selbst unterrichten konnte – dabei habe ich gemerkt, wie viel Spaß die Arbeit mit Studierenden macht und wie schön es ist, selbst Dinge gestalten zu können. Daher bin ich nach dem Master als wissenschaftliche Mitarbeiterin an der Uni geblieben und habe promoviert.

Ende 2019 hatte ich dann zwei Angebote als Juniorprofessorin aus Luzern und Berlin. Luzern wäre vermutlich zum Forschen ruhiger gewesen und hätte gedanklichen Freiraum geboten, aber in Berlin passiert mehr. Wir haben hier ca. 300 000 Muslim:innen, es gibt Interesse von verschiedenen Seiten – hier ist man mitten drin im Leben: Seit Januar 2020 bin ich Juniorprofessorin für Islamische Glaubensgrundlagen, Philosophie und Ethik am Berliner Institut für Islamische Theologie der Humboldt-Universität und hoffe, mit meiner Arbeit einen Beitrag leisten zu können zu dem für mich zentralen Projekt, nämlich islamische Theologie in Deutschland zu etablieren. Es gibt ja erst seit wenigen Jahren die Möglichkeit, über den Islam im deutschen Kontext zu lernen – und dafür nicht mehr ins Ausland gehen zu müssen.

An unserem Institut bilden wir unter anderem auch zukünftige islamische Religionslehrer:innen aus. Ich bin eine Befürworterin des Religionsunterrichts an den Schulen. Die Zusammenarbeit von Religionsgemeinschaften und Staat birgt die Chance, einen Religionsunterricht zu haben, dessen Ziel es ist, dass Schüler:innen zu mündigen Gläubigen werden. Ein Religionsunterricht also, der nicht primär auf die Vermittlung einer bestimmten Lehre ausgerichtet ist, sondern die Selbstständigkeit der Auslegung zu unterstützen. Das finde ich wertvoll. Islamischen Religionsunterricht gibt es noch nicht in allen Bundesländern, da nicht immer die Frage beantwortet werden kann, welcher Partner auf der muslimischen Seite steht. Bei den Christ:innen sind es die Kirchen, eine islamische Kirche gibt es nicht. Wer Imam werden möchte, kann bei uns

> **Die Zusammenarbeit von Religionsgemeinschaften und Staat birgt die Chance, einen Religionsunterricht zu haben, dessen Ziel ist, dass Schüler:innen zu mündigen Gläubigen werden. Das finde ich wertvoll.**

Prof. Dr. MIRA SIEVERS

einen Mono-Bachelor in islamischer Theologie machen und anschließend (wie Pastoren und Pfarrer) eine praktische Ausbildung machen. Zu den Studierenden habe ich ein sehr positives Verhältnis – es ist noch zu keinen Problemen gekommen, dadurch dass ich eine Frau bin. Gender spielt insgesamt aber eine große Rolle für den beruflichen Werdegang: Die Mehrzahl unserer Studierenden sind Frauen. Gleichzeitig finden sich an der Uni umso mehr Männer, je weiter es nach oben geht – strukturell ist da noch einiges im Argen. In der islamischen und in der katholischen Theologie bestimmt das Geschlecht zusätzlich noch den Zugang zu religiösen »Ämtern«. Das ist die Hintergrundmusik für Frauen.

Ich hatte sehr früh akademische Lehrer:innen, von denen ich viel lernen konnte, bei denen Gender keine große Rolle in den persönlichen Beziehungen gespielt hat. Innerhalb meines Fachgebietes spielt die Wahrnehmung und Auslegung vom männlichen und weiblichen Geschlecht aber eine große Rolle. Und die Geschlechterunterschiede laufen im Ergebnis häufig auf eine Ungleichbehandlung und Benachteiligung von Frauen hinaus. In der Glaubenslehre wird Gott aber stark durch seine Gerechtigkeit charakterisiert. Wenn Sie diese beiden Tatsachen zusammenbringen – die Benachteiligung von Frauen in den Schriften religiöser Gelehrter und dass Gott ein gerechter Gott ist –, stellt sich die Frage, wie sich diese beiden Annahmen vereinbaren lassen. Und ob die Gerechtigkeit Gottes nicht zu einem Neudenken einiger theologischer Annahmen führen müsste. Das klassische Theodizee-Problem lautet: Wie kann es so viel Leid in der Welt geben, wenn es doch einen guten Gott gibt? Das feministische Theodizee-Problem lautet: Wie können Frauen so benachteiligt sein, wenn es einen gerechten Gott gibt? An dem Thema arbeiten neben mir auch viele andere feministische Theologinnen; einige beschäftigen sich mit der Koranexegese: Wie legt man bestimmte Verse aus, die eine Benachteiligung von Frauen zu bedeuten scheinen? Gender bewegt die islamische Theologie in Deutschland stark.

Ich beschäftige mich auch mit islamischer Ethik. Viele Herausforderungen, mit denen Muslim:innen heute konfrontiert sind, sind ethischer Natur. Zum einen Fragen, die sich durch das menschliche Leben stellen – wie etwa in der Pandemie Fragen zur Triage oder Impfpflicht. Zum anderen Fragen, die sich auf die islamische Tradition beziehen: Wie geht man mit der Benachteiligung von Frauen in der eigenen Tradition um? Oder mit der von außen immer wieder an Muslim:innen herangetragenen Frage, ob der Islam mit Menschenrechten kompatibel ist? Da kollidiert das muslimische Selbstbild häufig mit dem Fremdbild.

In der Ethik geht es auch um bestimmte Normen, die Teil der islamischen Tradition sind, wie das Verbot von Geschlechtsverkehr vor der Ehe. Über diese Normen diskutieren wir im Rahmen der Sexualethik. Wir fragen, ob diese Normen begründet sind, und wenn ja, wie sie begründet sind. Und wie wir heute in unserem Kontext damit umgehen können: Menschen heiraten zum Beispiel später, als man das vor einigen Jahrhunderten getan hat. Wenn man dann ein Verbot von Geschlechtsverkehr vor der Ehe hat, bedeutet das heute etwas anderes als damals.

Was die gesellschaftliche Entwicklung betrifft, bin ich gleichzeitig besorgt und hoffnungsvoll. Besorgt, weil Rassismus in unserer Gesellschaft eine große Rolle spielt: Rassistische Denkstrukturen führen zu Benachteiligungen, Diskriminierungen und teilweise zum Tod von Menschen. Muslimische Menschen, besonders muslimische Frauen, haben ein schlechtes Image, was dazu führt, dass ihr Leben hier in Deutschland mit vielen Schwierigkeiten verbunden ist. Zugleich hoffnungsvoll bin ich, weil es eine immer größere Sensibilität gegenüber diesen Themen gibt. Es gibt viele Menschen, die das Problem erkennen und etwas dagegen tun wollen. Ich hoffe sehr, dass die Entwicklung in die zweite Richtung geht! Gerade durch Gespräche mit Studierenden merke ich, was für ein Ausmaß Rassismus annehmen kann und wie ungleich verteilt die Chancen in Deutschland sind. Das können wir uns nicht wünschen!

Ob ich in der Position bin, muslimischen heranwachsenden Frauen Ratschläge zu erteilen, weiß ich nicht: Jede Generation ist mit Herausforderungen konfrontiert. Und jede Generation hat auch das Recht, sich mit diesen Fragen aus der eigenen Perspektive heraus zu beschäftigen. Wenn ältere Frauen jüngeren sagen, »das haben wir alles schon erlebt«, finde ich das problematisch. Auch wenn ähnliche Kämpfe schon gekämpft

> **Was die gesellschaftliche Entwicklung betrifft, bin ich gleichzeitig besorgt und hoffnungsvoll.**

Prof. Dr. MIRA SIEVERS

wurden, sind es heute trotzdem andere Erfahrungen. Unsere Studierenden haben zum Beispiel eine andere Perspektive auf den Klimawandel, als ich das im ersten Semester hatte. Das ist viel bedrohlicher und näher, als das für uns war. Gerade wenn es um den Kampf der Frauen geht, stellt der sich auch für jede Generation von Frauen wieder neu. Was ich aber selbst gerne früher gewusst hätte: Ich hätte mir selbst gerne vor zehn Jahren mehr Ruhe und Zuversicht gewünscht. Und gerne gewusst, dass Dinge oftmals nicht so dramatisch sind, wie sie erscheinen, und dass es sich lohnt, dranzubleiben, wenn es um persönliche Fragen geht – und es notwendig ist dranzubleiben, wenn es um strukturelle Fragen geht. Steter Tropfen höhlt den Stein. So gesehen wünsche ich jungen Frauen, an ihren Themen dranzubleiben und sich des Rechts bewusst zu sein, eigene Kämpfe zu führen!

> **Gerade durch Gespräche mit Studierenden merke ich, was für ein Ausmaß Rassismus annehmen kann und wie ungleich verteilt die Chancen in Deutschland sind.**

NATALIE ROUHANI
39, HEAD OF SALES (OUTFITTERY)

Ich bin in Teheran geboren. Als ich zwei Jahre alt war, sind meine Eltern aus politischen Gründen nach Schweden geflohen. Wir haben erst in Uppsala gelebt, wo meine jüngere Schwester geboren ist und ich in den Kindergarten gegangen bin. Im Kindergarten habe ich mich so wohl gefühlt, dass ich nie nach Hause gehen wollte. Schweden ist meine Heimat, aber insgesamt fühle ich mich wie eine Weltbürgerin. Von der iranischen Kultur habe ich aber viel mitbekommen: Mit meinen Eltern spreche ich nur Farsi, wir essen persisch, begehen die Feiertage.

Kurz vor meiner Einschulung sind wir nach Stockholm gezogen. In der Nachbarwohnung lebte zufälligerweise auch ein persisches Mädchen. Wir wurden beste Freundinnen und zusammen eingeschult. In unserer Klasse waren viele Kinder, die keine schwedischen Wurzeln hatten. Nach der normalen Schule hatten wir auch freiwillig und gratis muttersprachlichen Unterricht. Dort gab es Farsi, Spanisch, Türkisch und vieles mehr. Ich habe das die ganze Grundschulzeit über gemacht.

Als ich zwölf war, sind wir innerhalb Stockholms umgezogen. Grund war, dass unser alter Kiez sich Richtung Ghetto entwickelte. Meine Eltern wollten, dass wir lieber auf eine andere Schule gehen, und ich sollte auch das letzte Grundschuljahr schon am neuen Wohnort machen. Aber nach zwei Wochen habe ich gesagt, dass das gar nichts für mich ist, und bin zurück zur alten Schule gefahren. Trotzdem blieb der Weg klar: Meine Eltern hatten beide studiert – und für sie war es nie eine Frage, dass ich auch zur Universität gehen würde. Ich wollte das auch selbst, zumal mir die Schule leichtfiel und ich keine Lust hatte, schon mit 18 arbeiten zu gehen.

Bildung sehr wichtig zu nehmen, ist typisch persisch, besonders unter den geflüchteten Iranern, die vorher für die Demokratie gekämpft hatten. Meine Mutter war bei uns zu Hause der Boss und hat mir immer signalisiert, dass ich alles schaffen kann, aber – weil ich ein Mädchen und eine Ausländerin bin – alles besser machen muss als die anderen.

Mein Abitur habe ich schließlich an einer der größten Schulen Schwedens gemacht. Es gab dort einen praktischen Zweig und einen, der auf höhere Bildung abzielte. Ich war in dem zweiten – und dort eine der wenigen mit nicht-schwedischen Wurzeln. Befreundet war ich allerdings mit anderen Menschen, die Wurzeln in vielen verschiedenen Ländern hatten, ihr Fokus lag nicht so sehr auf Schule und einige haben leider später den falschen Weg eingeschlagen. Mit meinen Eltern habe ich mich deshalb gestritten, und auch manche Lehrer haben kommentiert, mein Umgang sei nicht gut. Ich habe mich bei meinen Freunden aber mehr zu Hause gefühlt, wir hatten eine andere Verbindung.

Nach dem Abitur wollte ich in Stockholm bleiben, fand dort aber keinen Studienplatz. Mein Vater hat mir dann empfohlen, eine Universität im Norden Schwedens auszuwählen. Die Unis sind dort auch gut, aber viele Menschen aus dem Süden Schwedens gucken auf den Norden herunter – das ist Lappland! Ich habe mich dann beworben, einen Platz bekommen, bin in der letzten Minute alleine hingezogen und hatte ein Zimmer im Keller bei einer alten Frau. Es war die Zeit ohne Smartphones und Internet, eine SMS kostete zwei Euro, ich war 700 Kilometer von meinem Zuhause entfernt. Aber dann hatte ich Glück: Am ersten Tag habe ich ein Mädchen aus Stockholm kennengelernt. Sie stammte aus dem Libanon, wohnte mit einer Griechin zusammen und suchte noch eine Mitbewohnerin. Ich zog dort ein, wir wurden beste Freundinnen und hatten als Verbindung, dass wir aus »südlichen« Ländern

> **Bildung sehr wichtig zu nehmen, ist typisch persisch, besonders unter den geflüchteten Iranern, die vorher für die Demokratie gekämpft hatten.**

NATALIE ROUHANI

kamen und nun hier in »Lappland« gelandet waren. Wenn wir im Kurs saßen und in der ersten Stunde aufgerufen wurden, erlebten wir auch immer dasselbe: Unsere Vornamen wurden aufgerufen, dann stockten die Lehrer:innen und stotterten etwas. Bei mir hieß es immer »Natalie Rou... Rou...« Inzwischen ist mein Nachname durch den ehemaligen iranischen Präsidenten bekannt.

Ich wusste nach der Schule nur, dass ich nicht Ärztin werden wollte, und habe dann Business Economics and Administration mit einem Schwerpunkt auf Marketing studiert. Das war breit angelegt, damit ich später erst entscheiden brauchte, was ich machen will. Die Universität war dann eine Überraschung für mich! In der Schule war mir alles leichtgefallen, hier fiel ich in den ersten sechs Monaten überall durch. Wir bekamen keine Hausaufgaben, das Studium war sehr selbstbestimmt. Die Tests waren angekündigt, wie man lernt, war uns überlassen. Ich habe oft mit meiner Mutter gesprochen, die meinte, ich solle es einfach weiter probieren, in Schweden war das ja möglich. Das war gut an dem System – allerdings bekam ich das schwedische BAföG, dafür musste ich die Prüfungen schaffen. Die Studienberaterin der Uni hat mir zum Glück sehr geholfen – nach einem halben Jahr fiel dann der Groschen, und ich wusste, wie ich lernen musste, um die Prüfungen zu schaffen.

Von Schweden aus habe ich ein Auslandssemester in Wisconsin (USA) gemacht, wo ich meinen späteren Mann kennenlernte. Ich war damals 22, er war 19. Er wohnte in Holland, ich in Schweden – aber wir wollten es miteinander probieren. Daher war mir klar, dass ich ins Ausland gehen würde und ein Diplom von der Universität Stockholm besser wäre, da die bekannter ist. Also habe ich das letzte halbe Jahr dort studiert und bin dann nach Holland gezogen. Dort habe ich für eine große amerikanische Firma im schwedischen Team gearbeitet. Nach acht Monaten zog das Team nach Indien. Dann habe ich zwei Jahre bei einer Firma für Unternehmensberatung als Accounting Managerin gearbeitet, viel gelernt, aber keinen Spaß an der Arbeit gehabt. Mein Mann und ich haben unsere Jobs gekün-

> **Meine Mutter hat mir immer signalisiert, dass ich – weil ich ein Mädchen und eine Ausländerin bin – alles besser machen muss, als die anderen.**

digt und sind ein Jahr durch Asien und Australien gereist und haben unterwegs gejobbt. Danach habe ich wegen der Rezession monatelang in Amsterdam nach Arbeit gesucht und dann beim Logistikunternehmen TNT als Business Development Managerin angefangen. Kurz darauf bin ich Global CRM Managerin geworden – und dann wurde ich ungeplant schwanger.

In Holland ist der Mutterschutz sehr schlecht: Man muss schon drei Monate nach der Geburt wieder arbeiten gehen. Ich wollte das nicht, habe erst meinen Resturlaub und dann noch zwei Monate unbezahlten Urlaub genommen. Danach hat mein Mann gesagt, er möchte gerne mit unserer Tochter zu Hause bleiben, und ich bin wieder arbeiten gegangen. Ich hatte einen neuen Job als Head of Global Programs, den ich nach einem halben Jahr nicht mehr spannend fand. Wir hatten damals eine Wohnung, eine einjährige Tochter, mein Mann hat nicht gearbeitet – aber ich habe trotzdem gekündigt, weil ich unglücklich war. Mein Luxus war, in den vergangenen Jahren Geld gespart zu haben – und diese Ersparnisse waren jetzt wertvoll.

Wir haben unsere Koffer gepackt und sind nach Berlin gekommen, wo eine Tante von mir wohnte. Die Stadt hatten wir oft besucht und dachten, dass hier unsere Zukunft liegen könnte. Mein Mann hat nach einem Monat einen Job gefunden; ich war ein Jahr zu Hause, weil ich vorher keinen Kitaplatz gefunden habe. Außerdem wollte ich etwas machen, was ich toll finde – egal wie viel Geld ich dafür bekomme. Bei Outfittery habe ich als Stylistin begonnen – mit einem Mindestlohn, aber ich glaubte, da wachsen zu können. Nach vier Monaten war ich dann Teamleaderin, es ging weiter nach oben, nach vier Jahren war ich Head of Sales. Jetzt mache ich etwas, was ich wirklich will, ich liebe meine Arbeit und meine Kolleg:innen!

In Berlin gibt es ein internationales Umfeld, das ich so sonst nicht kenne. Hier gibt es wirkliche Vielfalt bei der sexuellen Ausrichtung, der Ethnicity, der Race. Schweden ist auch ein liberales Land, aber trotzdem sehen viele Leute alles in einer Box: Wie man auszusehen hat, welches Auto man zu fahren hat, wie das Leben zu sein hat. Ich war auch so. Als ich hierherkam, fragte ich mich dann, warum ich das eigentlich mache.

Jungen Frauen wünsche ich die Freiheit, eigene Entscheidungen treffen zu können: Die Freiheit zu wählen, ob sie Kinder wollen, ob sie eine Frau oder einen Mann als Part-

NATALIE ROUHANI

ner:in wollen. Meine sechsjährige Tochter wird jetzt schon gefragt, was sie machen will, wenn sie mal Kinder hat. Als sie noch in die Kita ging, haben mein Mann und ich beide viel gearbeitet. An einem Tag holte er unsere Tochter ab, am anderen ich, an den anderen drei Tagen ein Babysitter. Ich wurde jedes Mal darauf angesprochen, dass es doch nicht gut für unsere Tochter sei, wenn ich sie nicht abholen könne; Kinder bräuchten ihre Mutter. Mein Mann hat so etwas nie gehört! Ich wünsche den jungen Frauen von heute, dass sich das ändert. Und Kommentare aufhören wie: »Warum möchtest du keine Kinder? Du wärst doch bestimmt eine gute Mutter!« Das ist aber nicht die Frage! Für mich war es in all diesen liberalen Städten von Stockholm über Amsterdam bis Sydney als Frau und Ausländerin immer schwieriger, mich so gut wie ein Mann entwickeln zu können.

Ich fände es auch wichtig, dass heranwachsende Frauen mehr beruflich erfolgreiche Frauen sehen. Ich bin glücklich in meinem Beruf, und es ist gut, dass meine Tochter das sieht. Ich glaube nicht, dass Kinder zwangsläufig glücklicher sind, weil die Mutter zu Hause ist. Und ich arbeite auch gerne mit Frauen zusammen, drei Viertel meines Teams sind weiblich. Von Frauen wird erwartet zu behaupten, dass wir lieber mit Männern zusammen sind, weil die einfacher wären. Es gilt auch als cool zu erklären, selbst irgendwie männlich zu sein – aber was soll denn fraulich sein? Heißt das, hochhackige Schuhe und ein Kleid zu tragen? Dann war ich auch nie weiblich. Oder bin ich keine Frau, wenn ich mich gerne sportlich kleide? Ich wünsche jungen Frauen, dass weniger verallgemeinert wird, was angeblich weiblich ist – es ist nicht wichtig zu versuchen, solche allgemeinen Unterschiede zu benennen und sich ihnen unterzuordnen: Menschen sind Individuen, jeder ist anders. Ich hoffe, dass junge Frauen sich nicht mehr für alles werden rechtfertigen müssen. Und wünsche jungen Frauen, dass sie frei ihren eigenen, individuellen Weg finden können und dürfen!

> **Ich hoffe, dass junge Frauen sich nicht mehr für alles werden rechtfertigen müssen.**

SANDRA ABED
45, BERATERIN, COACH UND DOZENTIN

Ich bin in Berlin geboren und als älteste von drei Geschwistern recht idyllisch im Stadtteil Lichterfelde aufgewachsen. Meine Mutter stammt aus Deutschland, mein Vater aus Ägypten. In der Schule habe ich sehr wenige rassistische Erfahrungen gemacht, und auch sonst lief es gut, zumal meine Mutter Lehrerin war und ich so eine gute Basis hatte. Ich war mir aber schon bewusst, dass es wichtig ist, sehr gute Leistungen zu erbringen und nicht »allzu anders« zu sein. Als ich dann ein Jahr vor dem Abitur beginnen wollte, das Kopftuch zu tragen, habe ich lieber bis zu den Sommerferien gewartet, um mir dadurch nicht meinen Abi-Durchschnitt zu verderben.

Anschließend habe ich Publizistik- und Kommunikationswissenschaften in Berlin studiert. Ich hatte im Rahmen des Studiums die Chance, in die USA zu gehen, ein Highlight. Die Studienzeit war insgesamt eine unbelastete Phase – ich war mit dem Kopftuch aber sehr auffällig: Ich konnte nie jemanden bitten, mich in die Anwesenheitsliste mit einzutragen, weil jede:r Professor:in wusste, ob ich in der letzten Stunde dagewesen war oder nicht. Ich wurde auch persönlich angesprochen, wenn ich mal nicht da war, sie hätten mich in der letzten Vorlesung vermisst. Ich hatte also keine durchschnittliche Erfahrung, aber es war nicht negativ.

Schwierig war es dann nach dem Studium, als ich einen Job suchte. Ich wollte meine ersten Schreiberfahrungen beim Darmstädter Echo sammeln und hatte schon mit einem Redakteur alles abgesprochen – dann bekam ich einen Anruf, der Chefredakteur habe gesagt, für seine Zeitung würde niemand mit

Kopftuch arbeiten. Das war sehr niederschmetternd. Ich habe mich dann überall beworben und meine Bewerbungen ohne Foto abgeschickt. Ich bekam viele Vorstellungsgespräche, auch zum Beispiel als Pressesprecherin eines internationalen Konzerns – habe die Jobs aber nicht bekommen. Es war nie klar, ob es einfach jemanden gab, der oder die besser war, oder ob es am Kopftuch lag – denn abgesehen vom Fall des Chefredakteurs erhielt ich nie eine Begründung für eine Absage. Ich habe dann geschaut, was machbar ist, und war viel international unterwegs. Ich habe als Dozentin in England, Dubai und auch hier in Deutschland gearbeitet, habe PR in verschiedenen Bereichen gemacht und als Autorin gearbeitet – Schreiben war schon immer etwas, das mir am Herzen lag: Mit 13 habe ich das erste Mal ein Manuskript an einen Verlag geschickt. Meine Mutter hat mich unterstützt und mir nicht das Gefühl gegeben, ich solle besser noch fünf Jahre an meinem Stil arbeiten, sondern sie hat mich ernst genommen und hat mir vermittelt, dass meine Stimme zählt – ich solle

Als ich dann ein Jahr vor dem Abitur beginnen wollte, das Kopftuch zu tragen, habe ich lieber gewartet, um mir dadurch nicht meinen Abi-Durchschnitt zu verderben.

einfach mal ein Buch schreiben. Sie war und ist immer ein sehr empowernder Mensch gewesen. Inspiriert hat mich als junge Erwachsene auch Malcolm X. Ich bewunderte seine Standhaftigkeit bei gleichzeitiger Fähigkeit, seine Meinung zu ändern. Und die Bill Cosby Show fand ich toll – ich wollte immer in deren Nachbarhaus wohnen und sogar Synchronsprecherin werden, damit ich die Folgen vor allen anderen sehen kann. Was mich übergeordnet schon immer gestärkt hat, ist mein Glaube: das Gefühl, mit Gott verbunden zu sein. Gott ist für mich die unendliche Kraft, und wenn ich die neben mir habe, ist das für mich das ultimative Empowerment. Es hat mir die Kraft gegeben, Dinge zu tun, die man sich eigentlich nicht trauen würde.

Auch die Auslandserfahrungen haben mir sehr gutgetan. In den USA spielte das Kopftuch überhaupt keine Rolle. Und wenn ich mich in England bewarb, wurde abgecheckt, ob man mir die Tätigkeit zutraute – und ich wurde nicht auf meine Herkunft reduziert. Auch in Dubai zu leben war spannend, da bin

SANDRA ABED

ich mit den unterschiedlichsten asiatischen Lebensweisen in Kontakt gekommen. Das Reisen hat mir einen Selbstbewusstseinsbooster gegeben, gleichzeitig habe ich mich selbst besser kennengelernt.

Dann habe ich eine Fortbildung als Life and Business Coach in Cambridge an der Uni gemacht. Das war genau mein Ding: Menschen dabei zu unterstützen, ihren Weg zu finden und ihr Ziel zu erreichen. Das hatte ich ohnehin schon immer in meiner Freizeit gemacht, inzwischen ist es einer meiner Berufe: Während Expert:innen sich in einem Bereich hervortun, bin ich »multi-passionate« – ich habe verschiedene Leidenschaften und gehe ihnen nach. Derzeit mache ich eine Ausbildung als Familien- und Lebensberaterin und übe drei Berufe aus: Ich arbeite als Beraterin bei der Anlaufstelle für Diskriminierungsschutz an Schulen (ADAS), ich coache Menschen zu Businessfragen und ich arbeite als Dozentin zum Beispiel an Universitäten.

Die Ausgangslage in Sachen Diskriminierung an Schulen war schlimm, seit Black Lives Matter geht es in die richtige Richtung: Mehr Menschen trauen sich, etwas zu tun. Wir leben in einer von rassistischem Denken geprägten Gesellschaft, das ist in der Schule nicht anders, dazu kommen noch extreme Hierarchien. Insofern ist Schule per se ein schwieriges Gebiet. Aber die Entwicklung ist positiv. Vor ein paar Jahren wurde zum Beispiel das N-Wort noch einfach benutzt; wenn das jetzt jemand ausspricht, gibt es meistens Schüler:innen, die darauf hinweisen, dass das rassistisch ist. Auch viele Lehrkräfte haben dazugelernt. Aber es ist noch sehr viel zu tun, jedes Jahr erreichen uns viele Fälle, und gleichzeitig wissen wir, dass sich die meisten Betroffenen gar nicht erst melden. Manchmal können wir viel bewegen: Eine der von uns unterstützten Personen erlebte Cybermobbing, körperliche und psychische Gewalt. Besonders schwierig waren die Pausen, wenn keine Lehrkraft dabei war. Wir gingen zum Schulleiter, der meinte, er könne das nicht ändern, er hätte nun mal nicht mehr Lehrkräfte. Wir sagten, er müsse aber die Sicherheit seiner Schüler:innen gewährleisten können. Der Schulleiter führte daraufhin ein, dass alle

> Auch die Auslandserfahrungen haben mir sehr gutgetan. In den USA spielte das Kopftuch überhaupt keine Rolle.

Lehrkräfte in den Pausen draußen sind. Dadurch änderte sich die Situation in der ganzen Schule: Der Schulleiter erzählte, vorher mehrere Stunden täglich mit Konfliktgesprächen zugebracht zu haben, das sei alles weggefallen, weil einfach so viele Lehrkräfte da waren, dass nichts mehr passierte.

Wir haben in unserer Beratung auch häufig Fälle, bei denen ungerechte Behandlung, Erniedrigungen und Beschimpfungen über einen langen Zeitraum auf ein Kind einwirken. Die Schule unternimmt nichts dagegen. Haut das Kind dann zurück, wird es als Gewalttäter und aggressiv dargestellt. Leider gibt es gerade bei Schwarzen und arabischstämmigen Jungs immer noch die schnell aufspringende Schublade des schwierigen gewalttätigen Kindes. Das sind unsere schwersten Fälle, weil niemand das direkt sagt, es aber immer im Raum steht. Neben Rassismus beschäftige ich mich in meiner Arbeit auch mit Klassismus. Der ist oft subtil. Niemand sagt: »Die Eltern sind niveaulos«, sondern es wird agiert, indem man das Kind schlechter behandelt. Herkunft und Klasse werden oft gleichgesetzt: Wer Englisch oder Französisch spricht, ist gebildet und toll, wer Arabisch oder Türkisch spricht, ist schlecht und sollte sofort Deutsch mit seinen Kindern sprechen. Wenn jemand Fälle von Diskriminierung hier in Berlin wahrnimmt oder erlebt, freuen wir uns über eine Meldung auf unserer Homepage www.adas-berlin.de. Da kann man Fälle auch anonym melden, so man keine Beratung wünscht. Das ist gut für die Psychohygiene, und die gemeldeten Fälle sind unsere Basis, um Lobbyarbeit machen zu können und diese Dinge so langfristig zu ändern.

Gesellschaftlich würde ich mir wünschen, dass sich der Fokus ändert: Das, was ein Mensch an Fähigkeiten und Persönlichkeit hat, sollte viel wichtiger sein als die Herkunft. Wenn Firmen Ausschreibungen machen, suchen sie immer jemanden, der ins Team passt. Es ist kuscheliger, wenn alle gleich sind. Alle Studien zeigen aber, dass divers aufgestellte Teams besser sind: Unterschiedliche Blickwinkel und Erfahrungen sind zukunftsträchtig. Wenn Deutschland international bestehen will, muss sich die Haltung durchsetzen, Diversität zu wollen und wertzuschätzen.

> **Neben Rassismus beschäftige ich mich in meiner Arbeit auch mit Klassismus. Der ist oft subtil.**

SANDRA ABED

Ich selbst werde wegen meines Kopftuches oft unterschätzt. Menschen sind schon überrascht, wenn man einen richtigen deutschen Satz sprechen kann.

Jungen Menschen möchte ich sagen, dass die Jugend das Alter ist, wo alles noch möglich ist und man noch sehr viel Zeit hat und schon sehr fähig ist. Ich liebe deshalb die Jugend! Was ich beobachte, ist indes eine Zweiteilung zwischen den Menschen, die aktiv kreieren, und den Menschen, die nur konsumieren. Das ist durch die sozialen Medien stärker als früher geworden. Ich wünsche gerade jungen Menschen, dass sie sich vornehmen, zu der aktiv kreierenden Gruppe zu gehören, die etwas gestaltet, sich für andere einsetzt. Und dass sie bewusst auswählen, was sie konsumieren möchten. Alles hat Einfluss auf einen – es ist also wichtig, in welchem Umfeld ich mich bewege. Ich glaube auch, dass niemand glücklich wird, der oder die sich nur für sich selbst oder für sein engstes Umfeld einsetzt: Man bekommt nur eigenes Glück, wenn man etwas für andere tut.

Rund um Rassismus und Diskriminierung halte ich es für wichtig, dass man sich als Jugendlicher damit auseinandersetzt. Es ist schön, Worte für etwas zu haben, was wir früher oft nur gespürt haben. Dadurch kann man sich besser wehren. Gleichzeitig würde ich empfehlen, den Diskurs nicht zum Lebensinhalt zu machen, nicht alles durch die Brille zu betrachten, weil es manchmal dann das Gegenteil von Empowerment als Wirkung auf einen selbst hat. Es ist gut, seine Enttäuschungen und Verletzungen zu versorgen und sich Unterstützung zu holen, aber ansonsten die gesellschaftlichen Umstände nicht zu Schranken im eigenen Kopf werden zu lassen. Dass man nicht so oft denkt, »das geht jetzt nicht«, sondern öfter: »Jetzt erst recht.« Vorbilder sind gut, weil das für unmöglich Gehaltene für manche Menschen dann eben doch möglich ist: Mach dich auf den Weg, jetzt, hier, heute!

> **Ich selbst werde wegen meines Kopftuches oft unterschätzt. Menschen sind schon überrascht, wenn man einen richtigen deutschen Satz sprechen kann.**

NADIRE BISKIN
35, SCHRIFTSTELLERIN UND LEHRERIN

Ich bin in Berlin-Wedding geboren und mit einem türkischen Gastarbeiterhintergrund aufgewachsen. Meine Eltern, mein jüngerer Bruder und ich hatten anfangs eine Einzimmerwohnung, in der Wohn- und Schlafbereich durch einen Schrank getrennt waren. Dann sind wir innerhalb des Hauses umgezogen und hatten eine dunkle Zweieinhalbzimmerwohnung, in der es schimmelte und permanent kalt war. Meine Großeltern, meine Tante und mein Onkel haben auch in dem Haus gewohnt.

Im Wedding bin ich auch in die Grundschule gegangen und war eine der wenigen, die eine Empfehlung fürs Gymnasium bekommen hat. Ich bin dann aber innerhalb eines Jahres vom Gymnasium auf die Realschule und dann auf die Hauptschule gekommen. Leistungsmäßig war ich gut auf dem Gymnasium aufgehoben, aber habituell passte ich auf die Hauptschule; und ich habe viel geschwänzt. Warum es dazu kam, kann ich nicht sagen, schließlich hat ein Leben viele Facetten: Meine Mutter war zu der Zeit krank, wir hatten familiäre Themen und ich wurde gemobbt wegen meiner Akne und wegen meiner Klassenherkunft – meine Eltern konnten nicht lesen und schreiben, ich trug Woolworth-Kleidung.

Nach der zehnten Klasse bin ich wieder zwei Wochen aufs Gymnasium gegangen, habe dann einen Berufsausbildungsplatz in einer Bank angeboten bekommen und die Ausbildung absolviert. Spaß hat mir das nicht gemacht: Ich war zu idealistisch und muslimisch geprägt, wollte allen Kredite geben und fand Zinsen nicht gut. Die Ausbildung habe ich nur absolviert, weil meine Eltern den Bürojob toll fanden. Da ich aber wusste, dass sich mir so mehr Türen öffnen würden, habe ich nach der Ausbildung noch das Abitur gemacht. Meine Eltern fanden Bildung zwar gut, doch während der Ausbildung hatte ich sie finanziell unterstützen können, das fiel während der Schulzeit und während des Studiums wieder weg. Ich lief immer mit einem schlechten Gewissen herum.

Nach dem Abitur habe ich an der Humboldt-Universität Spanisch und Philosophie auf Lehramt studiert. Warum ich Lehrerin werden wollte, erklärt sich auch, wenn man der Hauptfigur meines im Februar 2022 erschienenen Romandebüts folgt: Die Protagonistin Huzur Özyabancı in *Ein Spiegel für mein Gegenüber* stammt auch aus dem Wedding, ist Referendarin und wünscht sich als klassische Aufsteigerin einen Beruf, der Sicherheit und Anerkennung gibt. Mir selbst ging es auch so. Davon einmal abgesehen kannte ich auch kaum Akademiker: Ich ging mit meiner kranken Mutter zu Ärzt:innen und kannte Lehrer:innen. Das war's dann auch.

Auf die Idee gekommen zu schreiben bin ich erst im Referendariat. Vorher fand ich die Vorstellung narzisstisch, dass meine Gedanken und Fiktionen so wichtig sein könnten, dass ich sie aufschreiben muss. Im Referendariat habe ich dann zu schreiben begonnen, um zu überleben. Ich hatte als Vorbereitung für diese Ausbildungszeit das Buch von Caroline Heinrich gelesen, *Was denkt ein New Yorker, wenn er in einen Hamburger beißt? Mikrophänomenologie der Macht am Beispiel des Referendariats*. Caroline Heinrich hatte sich während ihres Referendariats viele Notizen gemacht, um nicht durchzudrehen. So ging es mir auch – entstanden ist bei mir schlussendlich *Ein Spiegel für mein Gegenüber*: der erste Roman mit einer Referendarin aus dem Wedding als Protagonistin. Das Referendariat ist eine Zeit, an die sich alle noch nach 30 Jahren als schrecklich erinnern: Es ist ein Stresstest, und soll meiner Meinung nach den Willen brechen. Ich war an zwei Schulen in zwei verschiedenen Bezirken und hatte ein Seminar in einem dritten Bezirk, fuhr also jeden Tag durch die ganze Stadt. Vor dem Unterricht musste man für die 45 Minuten bis zu zehn

> **Ich wurde gemobbt wegen meiner Klassenherkunft – meine Eltern konnten nicht lesen und schreiben.**

NADIRE BISKIN

Seiten schreiben, in denen man seine Ziele erläuterte und erklärte, welche Methoden man anwenden will. Das gliederte sich dann kleinstufig in »Zwei Minuten Lehrerimpuls, drei Minuten Schülerantworten ...«. Dann kam die Bearbeitungsphase, dann die Sicherungsphase und gleichzeitig musste man eine methodisch-didaktische Begründung liefern, warum etwas zwei oder fünf Minuten dauert, und warum welches Medium als Einstieg gewählt wird. Wenn so eine Stunde dann aufging, also der Theorie entsprach, hieß es häufig von den Seminarleiter:innen, es habe nicht genug Entwicklung in der Stunde gegeben, die Progression sei zu niedrig. Und wenn es nicht klappte, war die Progression zu hoch. Man konnte es also nur falsch machen – und ich hatte zudem noch einen Migrations- und einen Weddinghintergrund, stand also für Brennpunkt.

Nach dem Examen habe ich erst meine Fächer unterrichtet und bin dann Klassenlehrerin in einer Willkommensklasse geworden. Emotional ist das eine große Belastung

Ich glaube, wir Menschen sogenannter »nichtdeutscher Herkunft« sollen weiter putzen gehen und in der Bäckerei schlechte Schrippen verkaufen.

für mich, weil ich Schwierigkeiten habe, mich nicht mit den Problemen der Schüler:innen zu identifizieren. Es gibt Kinder, die 15 Jahre alt sind, ein Jahr in Syrien zur Schule gehen konnten, ein Jahr in der Türkei und ein Jahr in Griechenland. Nun sind sie in Deutschland, mussten hier nochmal ein Jahr auf einen Schulplatz warten und sind nun mit 15 Jahren drei statt neun Jahre zur Schule gegangen. Die Kinder sehen aus wie alle anderen Jugendlichen, aber schämen sich und müssen alphabetisiert werden. Es ist furchtbar, wie auf diesen Routen den Kindern so viel Zeit und Möglichkeiten geklaut wird! Es geht auch viel Potential verloren, wenn man rein wirtschaftlich denkt: Bekommt das Kind wenig Chancen und werden seine Traumata nicht bearbeitet, wird es später im Sozialsystem hängenbleiben. Das wird das Kind als erwachsene Person unglücklich machen und kostet Geld.

Deutschland behauptet ja auch, Elite und Anspruch zu wollen. Inzwischen denke ich, das gilt nicht für alle. Ich glaube, wir Menschen sogenannter »nichtdeutscher Herkunft« sollen weiter putzen gehen und in der Bäckerei die schlechten Schrippen verkaufen, die in Westdeutschland angeblich viel besser sind, oder als Arzthelferin arbeiten – aber mehr auch nicht. Augenhöhe gibt es nicht. Ich bin jetzt zwar Lehrerin, aber ich werde nicht auf Augenhöhe mit einer Lehrerin ohne Migrationshintergrund gesehen. Da wir im Kapitalismus leben und Lehrkräftemangel haben, werden jetzt offiziell auch Lehrer mit Migrationshintergrund gesucht, was sich als Offenheit auf die Fahnen geschrieben wird. Allerdings werden diese angebliche Offenheit und Förderung nicht umgesetzt. Stattdessen herrscht auf den Behörden eine enorme Willkür, die mich wütend macht. Ich bin sehr sensibel gegenüber Erniedrigungen, die ich aus eigener Erfahrung kenne, sei es Klassismus, Rassismus oder Diskriminierung als nichtschlanke Frau. Ich bin diese Erniedrigungen nicht losgeworden, allerdings werden sie durch Bildung etwas geringer, wenn man etwa Abitur hat, Lehrerin wird, Autorin wird. Meine Aufgabe als Autorin sehe ich auch darin, von dem Leid zu erzählen, das meine Großeltern hier erfahren haben. Ich möchte dafür sorgen, dass diese Geschichten erzählt werden, damit sich das Rad nicht immer weiter zugunsten derjenigen dreht, die schon immer oben waren, was Klasse, Race und Gender betrifft.

Politisch würde ich mir aufgrund meiner eigenen Erfahrung wünschen, dass Kinder und Jugendliche unterstützt werden, dass staatliche Unterstützung aber nicht bedeutet, über die Eltern zu urteilen. Eltern sind auch nur Kinder von irgendwem und haben selbst nur begrenzte Ressourcen. Wenn ich jetzt Mutter werde, würde ich mein Kind natürlich anders fördern, aber ich habe auch ein anderes ökonomisches und kulturelles Kapital. Ich denke deshalb, dass Eltern hinsichtlich der Schulwahl nicht zu viel Einfluss haben. Dieses Bemühen, das Kind auf eine andere Schule zu bringen, sorgt für viel Ungleichheit und Teilung im System. Zudem müssten Lehrkräfte sensibilisiert werden gegenüber Rassismus und Lookism: In intellektuellen Kreisen ist es ein No-Go, wenn jemand tussig aussieht; ernst genommen werden Frauen, die eine

Ich bin jetzt zwar Lehrerin, aber ich werde nicht auf Augenhöhe mit einer Lehrerin ohne Migrationshintergrund gesehen.

NADIRE BISKIN

Jacke von The North Face und Wanderschuhe tragen. Zu freizügig dürfen Frauen auch nicht sein, aber auch nicht zu verhüllt – diese Bewertung des Aussehens von Mädchen und Frauen kann viel beeinflussen, und deshalb sollten Lehrkräfte sich bewusst sein, dass und wie sie werten. Besser als diese Bewertungen aufgrund von Äußerlichkeiten wäre überhaupt, Kindern zu erklären, welche Rechte sie haben, und sie auf Vorbilder aufmerksam zu machen.

Unterstützung habe ich auf meinem Weg nur von wenigen Menschen bekommen. Ich habe für die Germanistikprofessorin Inger Petersen gearbeitet. Sie war mir eine Stütze, ein Ally, auch wenn nur für eine kurze Zeit. Meine Großmutter väterlicherseits hat oft gesagt, aus mir könne eine Präsidentin werden. Meine Oma und ich waren allerdings die einzigen beiden größenwahnsinnigen Personen. Die anderen aus meiner Familie wollten, dass ich bei Karstadt arbeite oder Arzthelferin werde.

Wer in Deutschland bei was unterstützt wird, ist ohnehin nicht einheitlich: Die Empathie gegenüber den Ukrainern jetzt im März 2022 kenne ich gar nicht von Deutschland. Ich bekomme von oben per Mail Arbeitsblätter zur Ukraine zugeschickt, Spendenläufe werden organisiert – für Hanau habe ich kein Arbeitsblatt bekommen. Es wird auch darauf hingewiesen, dass russische Kinder nicht wegen Putin diskriminiert werden sollen – das stimmt, aber türkische Kinder sollten auch nicht wegen Erdoğan diskriminiert werden, und arabische Kinder sind nicht per se Antisemiten. Es gibt viel Ungleichheit – und als Lehrerin muss ich versuchen, Chancengerechtigkeit zu gewährleisten.

Lehrkräfte müssten sensibilisiert werden gegenüber Rassismus und Lookism.

Jungen Frauen würde ich wünschen, nicht so streng mit sich selbst zu sein. Und auch nicht zu anständig. Ich war eine ganz anständige Frau, die nicht wusste, wie schön sie ist – jetzt bin ich älter, und hätte ich es damals gewusst …

Plakativ gesprochen sollte auch jedes orthodox-muslimische Kind lügen können ohne schlechtes Gewissen. Lügen ist Teil des Menschseins, Scheinheiligkeit definiert das Menschsein. Es ist in Ordnung, die Dinge nicht so ernst zu nehmen: Die Welt hält auch nicht, was sie verspricht.

LINDA NAIF

30, BABYLOTSIN AM VIRCHOW-KLINIKUM BERLIN, MITBEGRÜNDERIN VON BERLIN HILFT

Ich bin in Berlin geboren und im Bezirk Charlottenburg mit meinen Eltern, meiner kleineren Schwester und zwei älteren Brüdern aufgewachsen. In unserer Gegend lebten viele Familien mit Migrationshintergrund. Meine Mutter ist Polin und katholisch, mein Vater ist Tunesier und Muslim. Die beiden haben sich in Polen kennengelernt, wo mein Vater zum Studium war. Deshalb war die gemeinsame Sprache meiner Eltern auch Polnisch. Die Religionszugehörigkeit konnten wir Kinder uns selbst aussuchen: Meine Eltern sind beide offen und tolerant, das bringt so eine multikulturelle Ehe ja auch mit sich. Gefeiert haben wir aber vor allem die christlichen Feste, sind an Weihnachten zum Krippenspiel gegangen, vor dem Einschlafen haben wir das Vaterunser gebetet und in der Grundschule war ich im katholischen Religionsunterricht.

Mein Vater hat den Islam nicht so offen ausgelebt. Wir waren aber mit einer arabisch-polnischen Familie befreundet, die muslimisch war. Mit dieser Familie habe ich das Fastenbrechen praktiziert und dadurch den Zugang zum Islam gefunden. Auch auf meiner Schule, einem Gymnasium im Stadtteil Moabit, waren viele muslimische Schüler:innen. Ich habe die viel zum Islam befragt. Mit 14 habe ich das erste Mal am Tag der offenen Moschee eine Moschee besucht und bin im selben Jahr zum Islam konvertiert. Mit 15 habe ich das Kopftuch angezogen. Die Entscheidung kam selbstbestimmt aus meinem Inneren, ich hatte das Gefühl, es gehöre zu meiner religiösen Identität, und fühlte mich damit auch wohl.

Meine Schwester, meine Mutter und meine in Europa lebenden Verwandten tragen kein Kopftuch. Ich bin die Erste und Einzige. In Tunesien tragen einige meiner Verwandten Kopftuch; zur Heimat meines Vaters haben wir aber wenig Berührungspunkte. Für meine Mutter war es okay, dass ich den Islam angenommen habe, mit der Entscheidung für das Kopftuch tat sie sich jedoch sehr schwer: Sie hatte Angst um meine Zukunft, davor, dass ich angefeindet werde oder lediglich eine Anstellung als Reinigungskraft finden würde. Ihre Trauer hat angehalten, bis sie gemerkt hat, dass ich trotzdem meinen Weg gehe und schaffe, was ich mir vorgenommen habe.

Tatsächlich hat das Kopftuch an meiner Außenwahrnehmung viel geändert. Ich habe schon immer sehr gut Deutsch gesprochen und wurde vorher in der Schule daher nicht irgendwie anders behandelt. Die Schwierigkeiten kamen erst mit dem Kopftuch: Meine Französischlehrerin nahm mich gleich am ersten Tag zur Seite und fragte, ob ich zu Hause unterdrückt werde und ob mein Vater mich dazu zwinge. Ich solle das Kopftuch ablegen, das verbaue mir nur meine Zukunft. Sie wusste nicht, dass meine Mutter Katholikin war, fragte mich nicht nach meinen Beweggründen, sondern ging von Zwang und Unterdrückung aus.

Später, in meinem Leistungskurs, saß ich in der ersten Reihe und habe mich permanent gemeldet, weil ich eine sehr gute Note haben wollte. Mein Lehrer hat immer durch mich durchgeschaut und mich nicht drangenommen. Sogar Mitschüler:innen haben sich für mich eingesetzt und gesagt: »Linda meldet sich dauernd, warum nehmen Sie sie nicht dran?« Es änderte sich aber nicht, und ich bekam keine gute mündliche Note. Da war ich einmalig so wütend, dass ich gesagt habe, dass es hier offensichtlich um Rassismus geht; ich habe den Raum verlassen und die Tür zugeschlagen. Im Endeffekt hatte ich dann ein gutes Abitur und nicht das von mir gewünschte sehr gute.

Während der Schulzeit habe ich angefangen, mich in AGs und Projekten zu engagieren, um diese negativen Erfahrungen in positive Energie umzuwandeln. Ich war unter anderem bei Jung, muslimisch, aktiv (JUMA) und habe mich in vielen politischen Debatten engagiert. Parallel dazu war ich bei JUGA (Jung, gläubig, aktiv), das war ein Partnerprojekt, wo auch junge Christ:innen und Jüdinnen und Juden dabei waren. Ich habe die Projekte als das Sprachrohr genutzt, das mir in der Schule nicht in dem Maß zur Verfügung stand. In der Schule hatte ich ein-

LINDA NAIF

mal die Erfahrung, besonders unterstützt zu werden: Ich war sehr sportlich und hatte beim Cooper-Test ein sehr gutes Ergebnis. Meine Lehrerin behauptete, ich habe geschummelt, und hat auch bei anderen sportlichen Aktivitäten nicht geglaubt, dass ich gut bin – stattdessen hat sie immer auf mir herumgehackt. Ich habe diese Erfahrungen gesammelt und einen achtseitigen Brief an die Schulleitung und an meinen Vertrauenslehrer verfasst. Die Lehrerin wurde mit sofortiger Wirkung suspendiert. Ich war eine von vielen muslimischen Mädchen, die mit dieser Lehrerin so etwas erlebt hatten – aber hätte ich diesen Brief nicht aufgesetzt, wäre nie etwas geschehen. Das hat mich sehr bestärkt.

Nach dem Abitur bin ich zum Studium nach Hamburg gezogen. Bis dahin hatte mir meine Mutter zu Hause alles abgenommen, damit ich mich voll auf mein Abitur konzentrieren konnte. Sie bestärkt mich bis heute und zeigt mir, dass ich so, wie ich bin, gut bin. Ich habe einen Studienplatz für Erziehungswissenschaften mit dem Schwerpunkt Sozialpädagogik bekommen. Mein Wunsch war, Sozialarbeiterin zu werden. In Hamburg-Wilhelmsburg habe ich drei Jahre lang gelebt und keine Rassismuserfahrungen gemacht. Während meines Studiums engagierte ich mich bei Visions for Children e.V., ein Verein, der schwerpunktmäßig die Verbesserung von Lernbedingungen an Schulen in Kriegs- und Krisengebieten fördert.

Das Ende meines Studiums fiel mit der Flüchtlingskrise zusammen. Ich habe mich sofort in Hamburg bei Die Insel hilft e.V. engagiert und parallel dazu in Berlin das Netzwerk Berlin hilft mitbegründet. Das hat mit einer Facebook-Gruppe begonnen, die ich gegründet habe, um Bedarfe berlinweit zu koordinieren. Später wurde daraus ein Blog, der immer noch besteht und bereits seit Jahren durch einen Mitstreiter weitergeführt und bundesweit aktiv genutzt wird. Bei der Insel haben wir die Kinder von Geflüchteten betreut und mit ihnen Ausflüge gemacht, während die Eltern Deutschkurse besuchten.

> Die Schwierigkeiten kamen erst mit dem Kopftuch: Meine Französischlehrerin nahm mich zur Seite und fragte, ob mein Vater mich dazu zwinge. Ich solle das Kopftuch ablegen, das verbaue mir nur meine Zukunft.

Wir haben einen Supermarkt für Geflüchtete aufgebaut, wo die Menschen sich kostenlos Hygieneartikel abholen konnten. In Berlin habe ich rund um das Landesamt für Gesundheit und Soziales mit Menschen von Moabit hilft e. V. nachts Geflüchtete in den Parks gesucht, die dort mit ihren Kindern übernachteten, und wir haben sie an private Schlafplätze vermittelt. Der Senat war zu dem Zeitpunkt überfordert, es gab keine Unterkünfte, kein Essen und kein Wasser für die Menschen.

In diesem Zusammenhang wurde ich auch zu der renommierten Politik-Talkshow der Phoenix-Runde eingeladen. Das war eine positive Erfahrung, als Netzwerkerin zum Thema Geflüchtete eingeladen zu werden – und nicht, um über mein Kopftuch oder den Islam zu diskutieren.

Beruflich habe ich parallel zu meiner Bachelorarbeit schon ein Praktikum bei einem Berliner Träger für Familien- und Einzelfallhilfe gemacht. Dort wurde ich nach meinem Abschluss direkt in eine Anstellung übernommen und war zwei Jahre lang im Wedding Familienhelferin, wo ich mehrheitlich junge Eltern mit Migrationshintergrund auf ihrem Weg begleitet habe. Bei der Arbeit half mir auch, dass ich fließend Polnisch spreche, Englisch kann und etwas Arabisch verstehe.

Seit fünf Jahren bin ich nun Babylotsin an der Charité. Ich betreue dort Familien rund um Schwangerschaft und Geburt. Ich vermittle konkrete Anlaufstellen und passgenaue Hilfen. Wegen meines Erscheinungsbildes hatte ich bei der Arbeit auch unangenehme Momente – etwa wenn ich auf der Station angesprochen werde, um Türkisch zu dolmetschen. Mir wäre lieber, man würde mich erst einmal fragen, welche Sprache ich denn spreche. Mit den Eltern mache ich gute Erfahrungen, aufgrund meines Migrationshintergrundes bin ich eine Türöffnerin. Da wir ähnliche Erfahrungen teilen, sind Eltern mir gegenüber offener, ich bekomme einen großen Einblick in die Familien und kann gut unterstützen.

Ich würde mir wünschen, dass wenn man mich kennenlernt, nicht zuerst das Kopftuch oder die Migrantin sieht, sondern mich als Mensch mit meinen Fähigkeiten und meinem Charakter wahrnimmt. Ich würde mir auch wünschen,

> **Ich würde mir wünschen, dass wenn man mich kennenlernt, nicht zuerst das Kopftuch oder die Migrantin sieht.**

LINDA NAIF

dass Rassismus als gesamtgesellschaftliches Problem wahrgenommen wird – auch von Menschen, die diese Erfahrung selbst nicht machen müssen. Ich habe mich als Jugendliche bewusst in Netzwerken eingebracht, weil ich junge Menschen bestärken wollte, aktiv etwas zu tun, damit sich gesellschaftlich etwas verändert. Ich würde mir mehr Solidarisierung wünschen aus der Mehrheitsgesellschaft. Wir alle müssen Rassismus persönlich nehmen.

Meine individuell schlimmste Rassismuserfahrung hatte ich, als mein Sohn vier Wochen alt war. Ich hatte ihn im Tragetuch und stand auf dem Bahnsteig in Berlin-Charlottenburg, wo ich lebe und aufgewachsen bin. Ein Mitarbeiter der Reinigungsfirma der Deutschen Bahn hat mich anlasslos mit voller Wucht weggestoßen und dabei auch meinen Säugling getroffen. Ich habe sehr laut geschrien und gezittert – aber keiner hat mir geholfen.

Auch politisch wird zu wenig gegen Diskriminierung getan. Viele Studien belegen, dass Migrant:innen auf dem Arbeits- und Wohnungsmarkt benachteiligt werden, ebenso an der Schule. Das müsste sich ändern. Es müsste auch dafür gesorgt werden, dass Menschen aus bildungsschwachen Familien die gleichen Chancen haben zu erreichen, was sie sich wünschen!

Jungen Frauen wünsche ich, dass sie ihren Interessen nachgehen und sich nicht von ihrem individuellen Weg abbringen lassen, sondern machen, wo sie ihre Stärken sehen. Egal wie viele Steine euch daraufgelegt werden – verliert nicht den Mut! Es gibt einige Hindernisse, aber auch immer Möglichkeiten, sich seinen Lebenstraum zu erfüllen. Und findet euren eigenen Weg unabhängig von Rollenmustern: Traut euch jeden Beruf zu und lasst euch nicht auf euer Geschlecht, eure religiöse Identität oder soziale Herkunft reduzieren, sondern traut euch, Karriere zu machen oder eurer Leidenschaft nachzugehen, Mutter zu sein und Muslima – das ist alles miteinander vereinbar!

> **Ich würde mir mehr Solidarisierung wünschen aus der Mehrheitsgesellschaft. Wir alle müssen Rassismus persönlich nehmen.**

Dr. MELTEM KULAÇATAN
45, ERZIEHUNGS- UND POLITIKWISSENSCHAFTLERIN

Ich bin in Lindau am Bodensee mit zwei Geschwistern aufgewachsen. Meine Eltern stammen aus Izmir und sind Ende der 1960er Jahre nach Deutschland eingewandert. Meine Mutter war in der Türkei verbeamtet und hat in Deutschland nach der Einwanderung ihren sozialen Abstieg erleben müssen. Davon hat sie sich nicht mehr erholt. Es gab hier kein Bewusstsein dafür, dass diese Frauen nicht nur irgendwelche »Gastarbeiterinnen« waren, sondern Frauen mit ganz individuellen Biografien.

Als ich zur Grundschule ging, schien es hingegen klar zu sein, dass Kinder wie ich wieder dorthin zurückgehen würden, wo die Eltern herkamen. Um uns musste man sich nicht bemühen, man musste nicht schauen, wo unsere Fähigkeiten lagen oder wie die eigentlichen Bedarfe aussahen. Ich bekam durch diese Lesart Zusatzstunden in Deutsch und fand mich dort mit meinen griechisch-, spanisch- und italienischstämmigen Mitschüler:innen wieder. Eigentlich hätte ich aber Hilfe in Mathe benötigt, denn mein Deutsch war gut.

Als meine Mutter sich, als ich in der vierten Klasse war, nach einer weiterführenden Schule für mich erkundigte, meinte meine Lehrerin, wir Türkischstämmigen würden ja ohnehin mit 15 Jahren heiraten, da würde sich eine weiterführende Schule nicht lohnen, und überhaupt, ich würde eh nur Friseurin werden können. In der fünften Klasse hatte ich ein sehr gutes Zwischenzeugnis, es hätte also die Option gegeben, aufs Gymnasium zu wechseln. Ich hatte aber Angst, es nicht zu schaffen und mich dadurch lächerlich zu machen. Es einfach auszuprobieren, traute ich mich nicht. Mein Zeugnis veränderte sich dann binnen eines halben Jahres, aus Einsen und Zweien wurden Zweien und Dreien. Mir wurde deshalb signalisiert, es sei gut, dass ich nicht aufs Gymnasium gehen würde, weil ich es ohnehin nicht geschafft hätte. So entstehen negative Dynamiken.

In der siebten Klasse bin ich von der Hauptschule auf die katholische Mädchen-Realschule gewechselt. Die Schule wurde von einer Ordensschwester mit recht autoritären Vorstellungen geleitet, aber unsere Deutschlehrinnen waren sehr gut und haben uns über Literatur und deren Analyse einen sehr breiten Horizont eröffnet. Diese Lehrerinnen machten keinen Unterschied wegen unserer Herkunft oder unserer Religionszugehörigkeit – für sie zählte der Bildungsauftrag: Sie wollten, dass ihre Schülerinnen erfolgreich sind. Von meiner damaligen Deutschlehrerin, Katharina Lehner, haben wir in der neunten Klasse die Aufgabe bekommen, aufzuschreiben, wo wir uns mit 25 sehen; sie würde uns das später zuschicken. Das hat sie auch tatsächlich gemacht! Es war eine wertvolle Erfahrung, dass eine Lehrerin echtes Interesse an ihren Schülerinnen hatte. Eine andere Deutschlehrerin hat den Begriff »Emanzipation« an die Tafel geschrieben und uns gefragt, ob wir wüssten, was das sei. Wir wussten es nicht, und sie sagte: »Emanzipation ist, dass ihr alles werden könnt, was ihr wollt.« Das waren Zäsuren für mich.

Nach dem Realschulabschluss bin ich aufs Wirtschaftsgymnasium nach Wangen im Allgäu gegangen, um die allgemeine Hochschulreife zu erlangen. Dieses Ziel habe ich dann auch erreicht.

Nach der Schule wollte ich vor allem raus aus der für mich engen, anstrengenden Provinz. Nach einem Freiwilligen Sozialen Jahr habe ich angefangen, Germanistik und Islamwissenschaften zu studieren. Im Fach Germanistik gab es fast keine nicht-herkunftsdeutschen Studentinnen und Studenten, und meine Studienkolleg:innen kamen alle aus sehr bürgerlichen Verhältnissen. Sie hatten dadurch einen Wissensvorsprung. Ich hingegen hatte sehr wenig Orientierung. Nach vier Semestern Germanistik und Islamwissenschaften habe ich auf den Diplom-Studiengang Politikwissenschaft mit Schwerpunkt Moderner Vorderer Orient gewechselt. Das war ein Fehler: Dort wurde deutlich weniger angeboten als im Magisterstudium. Ich konnte aber nicht noch einmal wechseln, weil ich auf BAföG angewiesen war, da ging kein zweiter bzw. dritter Fachwechsel. Das sind

Dr. MELTEM KULAÇATAN

strukturelle Aspekte, die häufig unerwähnt bleiben: Mit welcher Unfreiheit viele von uns einen akademischen Abschluss erzielen, welcher Zeitdruck durch das BAföG entsteht.

Ich habe Politikwissenschaften abgeschlossen, war aber unglücklich in dem Studiengang. Ein halbes Jahr vor meinem Abschluss kam meine Tochter zur Welt. Im Jahr darauf wurde ich wissenschaftliche Mitarbeiterin, habe meine Promotion geschrieben und parallel Islamische Religionslehre studiert – darüber bin ich in die Erziehungswissenschaft gekommen, wo ich heute arbeite.

Erst als Teenager hatte ich erfahren, dass meine Großmutter väterlicherseits Jüdin war. Damals überlegte meine Mutter aufgrund der Anschläge in Mölln und Solingen, Deutschland zu verlassen. Sie meinte, »wenn die erfahren, dass ihr auch noch jüdisch seid, dann bringen die euch um«. Ich selbst habe über meine jüdischen Wurzeln erst spät gesprochen, als ich selbstbewusster wurde und bemerkt habe, dass es mehr jüdische Türkeistämmige hier in Deutschland gibt.

> **Für viele junge Menschen aus Nicht-Akademiker:innen-Familien oder nicht-herkunftsdeutschen Familien wäre eine viel offenere, breitere Perspektivenkultur wichtig.**

Gesellschaftlich wünsche ich mir eine viel engere Begleitung und Aufklärung von Heranwachsenden: Für viele junge Menschen aus Nicht-Akademiker:innen-Familien oder nicht-herkunftsdeutschen Familien wäre eine viel offenere, breitere Perspektivenkultur wichtig, ebenso wie echtes Interesse an den Schüler:innen. Zudem müssten die vielen Optionen in Deutschland klarer werden, um zum Abitur oder an die Universität zu gelangen, oder auch über eine Ausbildung zur Mittleren Reife – das Potpourri des deutschen Bildungsweges wird überhaupt nicht kommuniziert. Stattdessen müssen in Deutschland ständig Eltern einspringen und Schulinhalte oder -lernziele mit abdecken. Hinzu kommt das Problem der Bildungsschulden: Studierende, die nicht finanziell von ihren Eltern unterstützt werden, sind auf BAföG angewiesen, müssen Kredite aufnehmen oder viele Nebenjobs haben, die dazu führen, dass sie sich nicht mehr voll auf das konzentrieren können, was eigentlich dran ist. Das muss enttabuisiert werden.

Ich wünsche mir auch eine andere Haltung: Die Haltung, dass wir grundsätzlich eine plurale Gesellschaft sind. Und eine Gesellschaft sind, in der es viel zu wenig Kinder und Jugendliche gibt. Die, die wir haben, müssten wir auf Händen tragen. Es kann nicht darum gehen, künstlich Homogenität herzustellen, indem Kinder bereits in der Schule ausgeschlossen werden. Indem ihnen wieder und wieder signalisiert wird, »das kannst du ohnehin nicht«, »das schaffst du eh nicht, weil deine Eltern Folgendes nicht mitbringen«.

Ich würde mir wünschen, dass junge Menschen stattdessen in den Mittelpunkt des echten politischen Interesses gelangen, egal woher sie kommen, egal aus welchen Elternhäusern sie stammen. Dass sie als junge Menschen zählen und dass auf sie gezählt wird. Junge Menschen möchten gebraucht werden, das wird völlig unterschätzt. Ich fände auch wichtig, dass Demokratiebildung früh ansetzt als Fähigkeit, die eigenen Bedürfnisse aussprechen zu können, sie verhandeln und aushandeln zu können. Es ist wichtig, sich als jemanden zu erleben, dessen Perspektiven und Bedürfnisse ernst und wahrgenommen werden, von der Politik und von alltäglichen Bezugspersonen. Das ist das beste Pflaster gegen radikalisierte Weltbilder.

Frau und Mutter zu sein hatte Auswirkungen auf meinen Beruf: Nachdem meine Tochter geboren wurde, wurde mir das Interesse an einem Berufseinstieg im Grunde genommen abgesprochen. Später kamen Bemerkungen hinzu: Als etwa ein Kollege es versäumte, mir etwas über den aktuellen Stand eines Projektes, das er leitete, mitzuteilen, kommentierte er das mit: »Sag unserem Chef, du hast das nicht mitbekommen, weil deine Tochter krank war und du deshalb absent warst.« Auch Meetings wurden nicht in den frühen Nachmittag vorgezogen, obschon es die zeitliche Möglichkeit gegeben hätte. Wenn die jeweiligen Chefs dann Väter wurden, änderte sich das jedoch plötzlich: Verschiebt ein Mann ein Meeting, um sein Kind im Kindergarten abholen zu können, ist er ein fürsorglicher Vater. Verschiebt eine Frau das Meeting, wird sie den beruflichen Anforderungen nicht gerecht. Ich bin der

> **Ich wünsche mir auch eine andere Haltung: Die Haltung, dass wir grundsätzlich eine plurale Gesellschaft sind.**

Dr. MELTEM KULAÇATAN

Meinung, dass es in der Pandemiesituation nur deshalb plötzlich legitim wurde, sagen zu können, »ich muss zu Hause bleiben, kann aber von dort am Rechner arbeiten«, weil auch viele Männer davon betroffen waren, also ins Homeoffice gingen.

Heranwachsenden Frauen wünsche ich, nicht an sich zu zweifeln. Und sich Hilfe und Unterstützung zu holen. Das ist durch die sozialen Medien sehr viel einfacher geworden. Menschen können sich schnell zusammenschließen und unterstützen, was in meiner Generation deutlich schwieriger war.

Jungen Frauen sollte auch klar sein, dass ein Bildungsaufstieg verbunden mit einem Milieuwechsel etappenweise einsam machen kann. Man muss Brüche eingehen mit den ursprünglichen Kontakten. Mir wurde oft gesagt: »Ich höre, dass du Deutsch sprichst, aber ich verstehe dich nicht.« Was dann ja auch stimmte.

Ich wünsche jungen Frauen aber auch, dass sie gleichzeitig die Chancen wahrnehmen, die ihnen angeboten werden, und sie durch diese Türen gehen. Und dass sie wissen, dass viele Schwierigkeiten in ihrem Leben nicht an ihnen selbst, sondern am System und an den Strukturen liegen. Ebenso sollten sie ihre ökonomische Unabhängigkeit als höchstes Gut anerkennen. Meine Mutter hat mir, als ich zehn Jahre alt war, eine EC-Karte ausstellen lassen. Sie hat mir meine zehn Mark Taschengeld aufs Konto überwiesen und mir gesagt, ich solle die Karte niemals abgeben! So habe ich das auch mit meiner Tochter gemacht.

Eine feministisch orientierte Finanzpolitik würde Mädchen und Frauen mehr Sicherheit geben, weshalb ich für eine Änderung des Steuerklassensystems bin. Da wir aktuell aber keine geschlechtergerechte Finanzpolitik haben, rate ich jungen Frauen, alles dafür zu tun, sich nicht in Abhängigkeitsverhältnisse zu einem Mann zu begeben. Bleibt unabhängig, tauscht euch aus, vernetzt euch und zweifelt nicht an euch und eurem Weg.

LISA KHREIS
27, MEDIZINISCHE FACHANGESTELLTE

Ich bin in Kumasi in Ghana geboren. Meine Mutter war sehr jung, die Schwangerschaft ungeplant und meine Oma, die mich versorgte, erkrankte an Malaria. Deshalb beschloss meine Familie, dass es besser für mich wäre, adoptiert zu werden, um mehr Chancen im Leben zu haben. Meine Großtante arbeitete damals in Berlin und erzählte meiner späteren Adoptivmutter von mir. Mit einem Jahr bin ich so nach Berlin-Kreuzberg gekommen.

Kontakt zu meiner ghanaischen Familie hatte ich jahrelang nicht. Ich habe später nachgefragt, warum die sich all die Jahre nicht gemeldet haben. Sie sagten, sie hätten Briefe und Geschenke geschickt. Meine Mutter meint, das stimme zwar, sei aber immer mit der Bitte verbunden gewesen, dass wir ihnen etwas besorgen. Wie auch immer.

Ich spreche nur ein bisschen Twi, da ich erst mit zehn, elf Jahren selbst Kontakt aufgebaut habe. Auch Englisch habe ich erst in der Schule gelernt. Wenn meine Adoptiveltern dann ab und an mal mit mir zu meiner in Berlin lebenden ghanaischen Familie gegangen sind, habe ich sie nie verstanden; alles war sehr fremd für mich, auch die Kultur kannte ich nicht. Eine Tante von mir trägt zum Beispiel Burka, das weiß ich erst seit drei Jahren. Ich hoffe, im Winter endlich das erste Mal nach Ghana fliegen und meine leibliche Mutter und meine Geschwister besuchen zu können. Bislang kennen wir uns nur von Videotelefonaten.

Mit einem Jahr bin ich also nach Kreuzberg gekommen. Meine Mutter war sehr froh über die geglückte Adoption und wollte mich viel bei sich haben, sodass ich nicht in den Kindergarten gegangen bin. Die Vorschule habe ich dann zweimal gemacht, weil ich extreme Trennungsängste hatte und mich nicht gut konzentrieren konnte. Dann bin ich bis zur dritten Klasse in Kreuzberg zur Schule gegangen. Das war sehr schön: eine richtig multikulturelle Kreuzberger Grundschule. Ich war mit allen befreundet. Nach drei Jahren war das vorbei, denn wir sind nach Rudow gezogen. Dort gab es nur mich und noch ein Schwarzes Mädchen auf der ganzen Schule. Bei uns um die Ecke war zudem noch ein Nazitreff. Da eine meiner Aufgaben im Haushalt war, mit dem Hund Gassi zu gehen, bin ich so als Zehnjährige das erste Mal einem Nazi begegnet. Das war ein Schock! Die Lehrer in der neuen Schule waren höflich und haben versucht, meinen Mitschülern alles zu erklären – die kannten ja nichts anderes als weiße Deutsche, es gab nicht einmal Italiener oder Spanier. Es gab also keinen direkten Rassismus, aber für meine Mitschüler war ich ungewohnt. Ich habe anfangs oft geweint und wollte wieder zurück nach Kreuzberg. Rudow war eine ganz andere Welt, als ob man durch eine Mauer gelaufen wäre.

Marzahn-Hellersdorf war schlimm. Auch einige der Lehrer waren rassistisch.

Nach der Grundschule bin ich auf die Oberschule gegangen, da gab es immerhin viele türkische und arabische Schüler, das war schon besser. Nach meinem Schulabschluss wollte ich Medizinische Fachangestellte werden, weil es mir Spaß macht, mit Menschen zu arbeiten – und im medizinischen Bereich wird immer Personal gebraucht. Es ist ein Beruf, den man nicht einfach durch Maschinen ersetzen kann. Außerdem wusste ich, wenn ich Kinder bekommen will, kann ich als MFA pausieren, mich später wieder bewerben und bekomme schnell einen Job. Nach dem ersten Kind war es dann auch so – ich habe zwei Bewerbungen geschrieben und hatte schon gleich ein Angebot. Gerade bin ich das zweite Mal in Elternzeit, aber ich mache mir keine Sorgen, denn ich werde sofort wieder eine Stelle finden.

Um die Ausbildung zu machen, musste ich aber erst mal auf die Berufsschule gehen: Die befand sich ausgerechnet in Marzahn-Hellersdorf, das war noch schlimmer als Rudow. Auf meiner Schule waren auch arabische, türkische und indische Mädchen, das war okay. Die Mehrheit war aber deutsch

LISA KHREIS

und hat Fragen gestellt wie: »Warum esst ihr denn mit den Händen, esst ihr auch mit den Füßen?« oder »Warum esst ihr immer so Matschebrei?« Damit meinten sie, dass in Ghana Fufu gegessen wird. Das Umfeld im Bezirk war auch schrecklich. In der großen Pause bin ich mit meinen Freundinnen manchmal ins Center gegangen, um uns was zu essen zu holen. Die Kasse wurde dann geschlossen oder es kamen Sprüche wie: »War ja klar, die Ausländer haben nie was parat!«, wenn wir nicht sofort die richtigen Münzen zur Hand hatten. Marzahn-Hellersdorf war schlimm. Auch einige der Lehrer waren rassistisch. Wenn meine türkische Freundin, die ein Kopftuch trug, oder ich mal auf Toilette wollten, dann mussten wir unser Handy auf dem Lehrerpult liegen lassen. Bei den anderen war das nicht so. Ihnen wurde geglaubt, dass sie schlicht zur Toilette mussten.

Nach meiner Ausbildung habe ich jetzt schon in mehreren Betrieben gearbeitet, war immer sehr zufrieden und habe dort noch nie rassistische Erfahrungen gemacht – nur die Schule war schlimm. Meine Eltern wollen jetzt auch nach Marzahn ziehen, weil die Gegend da so preiswert ist. Ich habe ihnen schon gesagt, dass meine Kinder dorthin nicht zu Besuch kommen werden. Die Mieten sind dort günstig, Hellersdorf ist auch sehr grün, und es gibt sicher auch Leute, die nicht rassistisch sind. Aber meine Kinder will ich bestimmten Erlebnissen nicht aussetzen. Ich gehe mit ihnen stattdessen lieber zu Afrokidsgruppen, also Treffen von Kindern mit Schwarzen Eltern. So etwas kannte ich als Kind gar nicht, das hätte ich gerne gehabt. Ich bin ganz allein unter Weißen aufgewachsen.

Mein Sohn ist derzeit jedes zweite Wochenende bei meinen Eltern in Rudow. Da hat er auf Spielplätzen auch schon erlebt, dass er beobachtet wird und Kinder auch ganz direkt gesagt haben: »Ich will nicht mit einem braunen Kind spielen.« Deshalb ist es mir umso wichtiger, dass meine Kinder Gruppen haben, die wie sie sind. Wenn es Probleme gibt, halten diese Kinder dann zusammen. Das habe ich selbst auf dem Spielplatz erlebt. Deshalb habe ich auch sehr genau nach einer passenden Kita für meine Kinder gesucht. Ich wünsche mir gesell-

Ich wünsche mir gesellschaftliche Veränderungen, nämlich mehr Akzeptanz, mehr Rücksichtnahme und mehr Respekt.

schaftliche Veränderungen, nämlich mehr Akzeptanz, mehr Rücksichtnahme und mehr Respekt. Nicht nur mir gegenüber, auch auf Spielplätzen und in Kindergärten. In der Kita unseres Sohnes hat die Mehrheit der Erzieher:innen einen Migrationshintergrund, die meisten sind auch muslimisch, da gibt es viele Probleme nicht. Das Kind einer Freundin ist zum Beispiel von Erzieher:innen einer anderen Kita im Schlaf fotografiert worden; sie haben erzählt, noch nie ein Schwarzes Kind schlafen gesehen zu haben und dass sie mal sehen wollten, ob es einen Unterschied zu weißen Kindern gibt. Das Kind einer anderen Freundin hat in der Kita nichts zu essen bekommen, mit dem Hinweis: »In deinem Land gibt es auch wenig zu essen.« Solche Geschichten finde ich schockierend. Deshalb fahre ich mit meinen Kindern auch lieber durch die halbe Stadt zur Kita, anstatt sie hier in der Nähe in irgendeine Einrichtung zu bringen.

Als mein Sohn klein war, haben Unbekannte auch Fotos von ihm im Kinderwagen gemacht oder einfach seine Haare angefasst. Damals war ich erst noch zurückhaltend, das hat sich jetzt geändert, ich protestiere jetzt sofort und habe ihm auch beigebracht, dass er sich von niemandem in die Haare fassen lässt.

Unser Sohn erlebt Rassismus doppelt: Ich war mal mit ihm auf Mutter-Kind-Kur. Die Frauen waren erst sehr freundlich mit mir, mein Sohn hatte auch einen Jungen, mit dem er gerne spielte. Dann telefonierte er eines Tages mit meinem Mann auf Arabisch. Die Frauen haben nachgefragt, was er denn da spräche; ich habe erzählt, dass mein Mann halb deutsch, halb libanesisch ist, da guckten sich alle im Kreis herum an. Dann meinte eine der Frauen, sie wolle jetzt nicht mehr, dass ihr Kind mit meinem Sohn spiele, damit er kein »Bombenschmeißer« wird. Ich bin aufgesprungen und war so empört! Die Kurleiterin kam und hat gesagt, ich solle mich beruhigen. Die Frau hat dann ihrem Sohn verboten, mit meinem zu spielen, hat dafür gesorgt, dass sie nicht mehr in dieselbe Kitagruppe gehen, während wir unsere Anwendungen hatten, und hat ihrem Sohn beim Frühstück immer den Kopf weggedreht, wenn er zu meinem Kind geschaut hat. Mein Sohn hat bis zum Schluss nicht verstanden, was los ist, und meinte, er

> **Unser Sohn erlebt Rassismus doppelt.**

LISA KHREIS

habe doch gar nichts gemacht, und sie hätten doch so schön miteinander gespielt. Wir haben die Kur dann vorzeitig beendet, ich konnte mich da nicht erholen.

Die Schwestern meines Mannes tragen Kopftuch, sie haben unserem Sohn jetzt ein afrikanisches Kinderbuch gebracht und unserer Tochter schwarze Puppen geschenkt. Sie sagen, dass sie Rassismus kennen, aber wahrnehmen, dass Schwarze davon noch viel stärker betroffen sind. Das ist auch meine Erfahrung: Mein Mann und ich haben in einer Moschee islamisch geheiratet, dafür habe ich ein Kopftuch angezogen. Als wir dann rausgegangen sind, wurde ich auch von arabischen Leuten komisch angeguckt. Ja, auch bei arabischen Leuten gibt es Rassismus gegenüber Schwarzen Menschen. Dabei gibt es viele muslimische Afrikaner, sie werden aber nicht gleich behandelt in den Moscheen. Diesen Rassismus erlebe ich selbst – besonders von türkischer Seite. Da würde ich mir viel Veränderung wünschen, nämlich dass es weniger Vorurteile gibt und Menschen einfach so sein können, wie sie sind.

Jungen Frauen wünsche ich Vertrauen in sich selbst. Und den Mut, offen über die eigenen Erfahrungen zu reden und nicht alles in sich hineinzufressen. In manchen Situationen ist es einem unangenehm, rassistisch angegriffen zu werden – ich denke, es ist trotzdem wichtig, sich zu trauen, andere mit in die Situation hineinzuziehen, und seien es nur Passanten. Es gibt auch weiße Freundinnen, die das Thema verstehen. Die Hauptsache ist, diese Erfahrungen zu teilen. Ich wünsche jungen Frauen, über sich hinauszuwachsen und so groß zu werden, wie sie eigentlich sind!

> **Die Schwestern meines Mannes sagen, dass sie Rassismus kennen, aber wahrnehmen, dass Schwarze davon noch viel stärker betroffen sind.**

GHAZAL ABBAS

43, KINDERÄRZTIN

Ich bin in Hamburg geboren und mit zwei Brüdern im Stadtteil Wilhelmsburg, einem Migrantenviertel, aufgewachsen. Mein Vater ist Maschinenbautechniker, hat seine Ausbildung hier in Deutschland gemacht und meine Mutter dann nachgeholt. Meine Eltern haben immer gearbeitet, meine Mutter als Schneiderin – nichtsdestotrotz sind meine Eltern sehr traditionell. Als wir klein waren und meine Großeltern noch lebten, sind wir mindestens jedes zweite Jahr in den Sommerferien nach Pakistan geflogen. Zuhause gab es ein Deutsch-Verbot, damit wir gut Urdu lernten.

Meine Eltern waren sehr auf Bildung und Schule fokussiert – ich war deshalb jemand, der viel zu Hause war und gepaukt hat. Meine Eltern sind gläubige Muslime. Es gab nie einen Kopftuchzwang, aber ich habe den Koran lesen gelernt und die Gebete auf Arabisch auswendig gelernt. Auch Urdu zu lesen und zu schreiben wurde uns zu Hause beigebracht. Ich weiß daher, was sich in der pakistanischen Kultur gehört, und habe beispielsweise einen ganzen Kleiderschrank traditioneller Trachten. Bei kulturellen Treffen, Hochzeiten oder anderen Feierlichkeiten trage ich dann ausschließlich die traditionellen Gewänder – das ist heute noch so.

Ich bin also zwischen den Kulturen aufgewachsen – Schule und Zuhause waren sehr verschieden. Das war als Kind kein Problem, als Teenagerin habe ich mich dann schon an den typischen Rollenverteilungen gerieben. Meine Mutter hat immer gesagt: »Egal was später mal aus dir wird, kochen und putzen musst du immer können!« Meine Freundin und auch meine Brüder mussten dagegen kaum etwas im Haushalt machen. Das fand ich unfair und ich habe viel mit meiner darüber Mutter diskutiert.

Ich selbst fühle mich innerlich schon recht deutsch. Für mich ist Deutschland mein Zuhause, ich liebe das Land und habe auch kaum etwas Negatives erleben müssen. Meine Lehrer waren toll und haben mich im Denken und Freisein sehr geprägt. Ich bin dankbar, dass ich diese Erziehung hier in Deutschland genießen durfte – wenn ich in Pakistan aufgewachsen wäre oder selbst in England, wäre ich sicherlich weit unter meinen Möglichkeiten geblieben.

Nach dem Abitur wollte ich gerne in einer anderen Stadt studieren, um auszuziehen und zu sehen, ob ich allein und ohne Hilfe in der Lage bin, das Leben zu meistern. Aber das kam für meine Eltern nicht in Frage. So habe ich in Hamburg studiert und bin zu Hause wohnen geblieben. Nach dem dritten Staatsexamen durfte ich mich dann deutschlandweit bewerben. Mein PJ habe ich in einer großen Kinderklinik in Darmstadt gemacht und hatte in Hessen dann auch meine erste Assistentenstelle. Mit meiner Mutter habe ich jeden Tag telefoniert. Sie war immer an meinem Alltag interessiert, wollte wissen, was ich gegessen habe und ob es mir gut geht. Ich bin das gar nicht anders gewöhnt.

Meine Facharztausbildung habe ich in Gelnhausen und in Offenbach absolviert und dort auch meinen Mann kennengelernt. Als ich schwanger wurde, sind wir nach Hamburg gezogen, denn ein Kind wollte ich nicht ohne meine Eltern in der Nähe großziehen. In Hamburg war ich erst in Elternzeit und habe dann ab 2016 in einem medizinischen Versorgungszentrum in Wilhelmsburg gearbeitet. Vor vier Jahren kam das zweite Kind und wieder ein Jahr Elternzeit. Im August 2021 habe ich dann mein berufliches Ziel erreicht und mich selbstständig gemacht: in der Praxis meines früheren Kinderarztes. Das war ein großer Kraftakt, weil wir alles sanieren mussten, da die Praxis noch aussah wie zu meinen Kindertagen. Der Kredit reichte dafür nicht aus, sodass ich neben meiner Arbeit noch im Impfzentrum viele Hamburger gegen Corona geimpft habe – und so auf teilweise 80 Wochenstunden Arbeit kam. In der Praxis arbeite ich jetzt weiter für zwei: Wilhelmsburg ist ein sehr kinderreicher Stadtteil,

Ich selbst fühle mich innerlich schon recht deutsch. Für mich ist Deutschland mein Zuhause.

GHAZAL ABBAS

aber die meisten Hamburger Kinderärzte praktizieren lieber in unproblematischeren Vierteln Hamburgs. In Wilhelmsburg haben wir sehr viele Patienten, die sozialpädiatrisch betreut werden müssen. Hierbei geht es um die sprachliche, motorische und psychosoziale Entwicklung von Kindern. Da liegt hier leider viel im Argen, weil viele Eltern nicht gut integriert sind und die Kinder deshalb durchs Netz fallen. Sie gehen beispielsweise oft nicht zur Kita, lernen die Sprache erst sehr spät, sitzen stundenlang zu Hause vor dem Fernseher oder haben das Handy in der Hand und beherrschen weder die Muttersprache noch Deutsch.

Hier Kinderärztin zu sein, bedeutet deshalb auch, die Kinder in die Kita zu bekommen, sie zu den richtigen Ärzten und Therapeuten zu vermitteln und hinterher zu sein, dass sie die richtige Diagnostik und die Therapien auch tatsächlich erhalten. Der Fokus von Kinderärzten in der Praxis liegt generell auf Prävention, also hauptsächlich auf Vorsorgeuntersuchungen und Impfungen; nur etwa ein Drittel der Tätigkeit ist die Akutversorgung von kranken Kindern.

> **Ich weiß aus meiner eigenen Kindheit, wie wichtig es ist, gefestigt und selbstbewusst in die Schule zu kommen.**

Mein Traum wäre die Einführung eines Elternführerscheins. Ich glaube, wenn man bei der ersten Schwangerschaft, ähnlich einem Geburtsvorbereitungskurs, einen Elternführerschein machen müsste, könnte man viele Folgeschäden vermeiden. So würden Eltern einfache Grundlagen lernen, etwa wie man ein Kind ernährt und pflegt, wie man die Zähne des Kindes richtig putzt oder dass man mit seinem Kind von Anfang an reden sollte, dass Handys nicht in Kinderhände gehören, dass Schnuller das Gebiss schädigen, dass Dauermampfen ungesund ist – die Liste ist lang. Bei dem Elternführerschein könnte das Bewusstsein der Eltern geweckt werden, selbst für die gesamte Entwicklung ihres Kindes verantwortlich zu sein – nicht nur dafür, dass es zunimmt und wächst.

Ich weiß aus meiner eigenen Kindheit, wie wichtig es ist, gefestigt und selbstbewusst in die Schule zu kommen. Wenn ein Kind sich aber nach rechts und nach links dreht und sich denkt: »Mist, die neben mir kann aber gut malen, und ich verstehe auch den Lehrer überhaupt nicht«, dann demotiviert das gleich am Start. So bleiben direkt am Anfang viele Kinder mit Potential hängen.

Kitas halte ich für einen Segen. In Hamburg stehen jedem Kind ab einem Jahr fünf Stunden tägliche Betreuung in einer Einrichtung zu. Es ist kein Argument mehr gegen einen Kitaplatz, dass die Mutter nicht berufstätig sei. Das ist gut, denn Kitas haben einen pädagogischen Auftrag, dem zwar nicht alle gleich stark nachkommen, aber es passiert doch einiges bezüglich der Entwicklung des Kindes.

Meinen Beruf mag ich sehr, und ich habe Medizin studiert, um Kinderheilkunde zu machen, das war irgendwie von Anfang an klar. Meine Motivation zu helfen ist bei Kindern am ausgeprägtesten.

Politisch würde ich mir wünschen, dass Mütter in Deutschland mehr Unterstützung bekommen: Die Doppelbelastung von Berufstätigkeit und Care-Arbeit ist enorm. Vieles ist mit Scham behaftet, etwa wenn eine Mutter sich bei der Arbeit abmeldet, weil das Kind krank ist. Männer nehmen Care-Arbeit kaum oder wenig ab. Ich kenne viele emanzipierte Paare, habe aber selten erlebt, dass Care-Arbeit 50:50 aufgeteilt wird. Auch die Gesetzgebung hinkt in vielem hinterher: Eine Freundin von mir hat sich mit zwei Kindern von ihrem Mann getrennt und verdient wegen der geänderten Steuerklasse als alleinerziehende Mutter jetzt 400 Euro netto weniger im Monat. Ich weiß wirklich nicht, wer sich so etwas ausdenkt. Mütter werden einfach viel zu wenig gewertschätzt und unterstützt.

Dabei zehrt gerade Care-Arbeit sehr an den Kräften. Ich habe ja viel mit Müttern zu tun, viele haben ein schlechtes Gewissen, ihr Kind in die Kita zu geben. Denen sage ich immer, dass es nicht verwerflich sei, mal fünf Stunden Ruhe zu haben oder das erste Mal nach einem Jahr Babywahnsinn in Ruhe zu Ende zu frühstücken und den Kaffee warm zu trinken. Außerdem hat frau davor ja auch noch Schwangerschaft und Geburt erlebt, dann die ganze Stillerei und der Schlafmangel; Care-Arbeit verlangt Frauen körperlich und mental sehr viel ab – das wird viel zu wenig gesehen und gewürdigt.

> Politisch würde ich mir wünschen, dass Mütter in Deutschland mehr Unterstützung bekommen: Die Doppelbelastung von Berufstätigkeit und Care-Arbeit ist enorm.

GHAZAL ABBAS

Jungen Frauen wünsche ich, dass sie an ihren Träumen festhalten und sich auf ihrem Weg weder unter- noch überschätzen. Bescheidenheit und Demut sind Tugenden, die ich am deutschen Volk sehr schätze. Wenn man einen Deutschen kennenlernt, geht er in der Regel nicht damit hausieren, was er im Leben alles schon geschafft hat. Deutsche sind sehr bodenständig, das hat mich schon immer beeindruckt, obwohl sie so viel leisten. In meinem pakistanischen Kulturkreis ist man gleich etwas Besseres, wenn man beispielsweise studiert hat, und kommt gar nicht mehr runter von seinem hohen Ross. Ich würde mir wünschen, dass wir uns etwas mehr in Demut und Bescheidenheit üben und trotzdem Gas geben und unsere Ziele erreichen. Als Frauen haben wir das Glück, in Deutschland zu leben, wo uns viele Türen offenstehen. Wenn man sich etwas vornimmt und dafür arbeitet, kann man viel erreichen.

Meine Herkunft wurde immer als ein positives Plus wahrgenommen, zumindest habe ich das so erlebt, die Mehrsprachigkeit war ein klarer Vorteil. Jungen Frauen würde ich also raten, an ihrer Ausstrahlung und an ihrem Selbstbewusstsein zu arbeiten. Allerdings sagt sich das so einfach daher, ich weiß jedoch, dass meine Eltern und meine Brüder für meinen Weg einen wichtigen Beitrag geleistet haben, weil sie gesagt haben, dass ich stark bin und alles schaffen kann. Diesen Glauben an sich von Kindheit an zu haben, hilft. Frauen, die heute ihre Kinder aufziehen, sollten diesen Glauben an sich selbst in ihren Kindern fördern und sie so gut wie möglich für dieses Leben wappnen.

HOURVASH POURKIAN
63, TEXTILUNTERNEHMERIN, SOCIAL ENTREPRENEUR, MENSCHENRECHTSAKTIVISTIN

Ich bin in Teheran geboren und dort als viertes von fünf Kindern aufgewachsen. Wir sind sehr frei und liberal großgeworden – Religion spielte bei uns keine Rolle. Wichtig war stattdessen unser kultureller Hintergrund: Zarathustra. Auf seiner Philosophie basiert die iranische Kultur. Ehrlichkeit und Wahrheit sind Grundlagen des Weges, außerdem ist sie sehr mit der Natur verbunden: Man darf die vier Elemente Wasser, Erde, Luft und Feuer nicht beschmutzen. Diese Ideale haben uns unsere Eltern vermittelt.

1975 sind wir nach Deutschland gekommen, da war ich 16 Jahre alt. Mein älterer Bruder lebte schon seit einigen Jahren in Hamburg und promovierte gerade. Für meinen jüngeren Bruder und mich war es nicht einfach, aus unserer bekannten Umgebung herausgerissen zu werden und unsere Freunde zu verlieren. Aber mein Vater meinte, wir könnten ja in Deutschland studieren und anschließend immer noch zurückkehren.

Der Anfang in Deutschland war gut, da mein Bruder uns gleich auf einer privaten Sprachschule angemeldet hatte, wo wir jeden Tag fünf Stunden Deutsch lernten. Dort sind meine beiden nächstälteren Brüder und ich neun Monate zur Schule gegangen, damit wir Deutsch lernten – Integrationskurse gab es ja noch nicht. Die Zeiten waren aber auch in anderer Hinsicht nicht wie heute: Wenn wir zur Ausländerbehörde gingen, haben wir etwas zu trinken angeboten bekommen und wurden insgesamt sehr höflich empfangen. Das Blatt hat sich später, als so viele Flüchtlinge nach Deutschland kamen, leider gewendet.

Nach dem intensiven Deutschkurs bin ich aufs Gymnasium gekommen und habe zwei

Tutorinnen zur Seite gestellt bekommen, eine aus dem Iran stammend und eine aus Deutschland. Nach der Schule habe ich eine Ausbildung als Groß- und Außenhandelskauffrau gemacht und wollte anschließend erst mal Geld verdienen. Ich habe zwei Jahre als Sachbearbeiterin in einer Herstellungsmaschinenfirma gearbeitet und 30 000 DM gespart. Mit den Rücklagen konnte ich mein BWL-Studium beginnen und habe nebenbei gearbeitet. Dann bin ich ein halbes Jahr nach London gegangen, weil da mein jüngerer Bruder studierte, und habe dort Managementkurse belegt und mein Englisch verbessert. Nach meinem Abschluss wollte ich unbedingt in die Textilbranche, obwohl mir alle davon abgeraten haben, weil da nicht viel zu verdienen sei. Mich hat Mode aber immer begeistert: Eines meiner Lieblingskleidungsstücke in Teheran waren die Jeans. Ich hatte immer welche mit Löchern, die ich mit Bimssteinen bearbeitete – das war für mich ein Symbol für Freiheit.

Tatsächlich bin ich dann in einer Firma mit einer Jeansabteilung eingestellt worden.

> **Mein Leitspruch ist Ghandis Satz: »Wenn wir wahren Frieden in der Welt erlangen wollen, müssen wir bei den Kindern anfangen.«**

Die habe ich als Assistentin des Juniorchefs ganz neu aufgebaut, alles rund um Jeans gelernt und nach zwei Jahren beschlossen, mich selbstständig zu machen. Ich habe einen Businessplan erstellt und Fördermittel beantragt. Der Antrag wurde abgelehnt, weil ich angeblich zu wenig Erfahrung hatte und nicht qualifiziert war. Ich war sehr verärgert, da das nicht stimmte, und habe den Entscheidern geschrieben, ich wolle gerne persönlich zu ihnen kommen. Also bin ich mit ein paar Jeans auf dem Arm nach Bonn gefahren, habe dort ein bis zwei Stunden vorgesprochen und bekam dann doch die Zusage! Ich habe Shamo gegründet und war 20 Jahre lang sehr erfolgreich. Ende 2007 habe ich dann aus familiären Gründen das Unternehmen eingestellt und meine Marken verkauft.

Dann habe ich mit meiner Partnerin zusammen eine Filmproduktionsfirma für Imagefilme aufgebaut – und sie 2020 geschlossen. Seither widme ich mich hauptsächlich sozialen Projekten. Dazu kam es aufgrund meiner Arbeit im Hamburger Integrationsbeirat, durch die ich auf die Idee kam, 2003

HOURVASH POURKIAN

die Kulturbrücke Hamburg e. V. zu gründen. Dort organisieren wir Projekte wie zum Beispiel den Kinderkulturaustausch oder »Switch Mind«, wo unsere europäischen Werte vermittelt werden. Das halte ich für wichtig, weil Leute aus Diktaturen hierherkommen, die kein Verständnis für Demokratie haben. Also haben wir Workshopleiter eingestellt, die aus denselben Ländern wie die Flüchtlinge stammen – Syrien, Irak, Iran und Afghanistan –, und haben mit Schulungen begonnen. In den Flüchtlingsunterkünften wurden wir von den Eltern gefragt, ob wir nicht auch etwas für ihre Kinder tun können. So ist »Switch Tutor – Lernen mit Spaß« entstanden. Da gehen Studierende in die Unterkünfte, vermitteln unsere Werte und leisten Hausaufgabenhilfe. Wir sind mittlerweile in 18 Unterkünften aktiv und haben schon mehr als 4 000 Menschen erreicht. Derzeit arbeiten wir an der App Switch 2.0, damit mehr Kinder Zugang zu dem Kinderkulturaustausch haben. Die App wird gerade programmiert – und wird mittelfristig auch international zugänglich sein. Bei meinen sozialen Projekten stehen meistens Kinder im Mittelpunkt, da mein Leitspruch Ghandis Satz ist: »Wenn wir wahren Frieden in der Welt erlangen wollen, müssen wir bei den Kindern anfangen.«

Seit 2017 engagiere ich mich außerdem als iranische Oppositionelle. Ich hatte 2014 und 2015 Kulturreisen in den Iran unternommen, was mich noch mehr bestärkte, mich für Freiheit in diesem Land einzusetzen: Schließlich stammt die Wiege der Menschenrechte aus Persien. Schon mehr als 500 Jahre vor Christus eroberte der altpersische König Kyros der Große Babylon. Er befreite die jüdischen Sklaven und führte Religionsfreiheit ein. Als es 2017 dann zu dem großen Aufstand in vielen Städten Irans kam, habe ich mit »International Women in Power« Demonstrationen gegen das Regime in Teheran organisiert und Forderungen an die deutsche Bundesregierung gestellt: Ich bin der Meinung, dass wir

> Seit 2017 engagiere ich mich außerdem als iranische Oppositionelle. Ich bin der Meinung, dass wir iranische Demokraten unterstützen sollten, damit es einen Regimewechsel gibt. Mit dem jetzigen Regime kann man keinen Dialog führen.

iranische Demokraten unterstützen sollten, damit es einen Regimewechsel gibt. Mit dem jetzigen Regime kann man keinen Dialog führen. Wenn ein Land die Scharia als Gesetzesgrundlage hat, dann ist es sinnlos, über Menschenrechtsverletzungen, politische Gefangene und ein Ende der Zwangsverschleierung zu reden. Sobald ein demokratisches Regime an die Macht käme, hätte das auch den wirtschaftlichen Vorteil, dass wir unser Öl und Gas preiswert aus dem Iran beziehen könnten. Auch für die iranische Wirtschaft wäre das positiv – derzeit werden ja Millionen von Barrel Öl zu Centpreisen verkauft und damit unendlich viel Geld verschenkt. Stattdessen fliegt unser Wirtschaftsminister aber nach Katar: Katar ist eines der frauenfeindlichsten Länder der Welt! Meine Freundin hat dort als Ärztin gearbeitet und sehr gut verdient. Sie wurde allerdings pausenlos schikaniert und aufgefordert, zu beten, zu fasten und ein Kopftuch zu tragen. Sie ist aber in Deutschland aufgewachsen, nur nominelle Muslimin und wollte in Ruhe gelassen werden. Das ist jedoch nicht passiert, weshalb sie ihren Aufenthalt nach drei Monaten abgebrochen hat. Oder denken wir an das angeblich so moderne Dubai: Da saß ich gerade im Flughafentransit gegenüber vom Victoria's Secret Shop – und auf einmal fing der Muezzin an zu rufen. Das belegt, dass dort kein Säkularismus herrscht, die angebliche Modernität existiert nicht, und das zeigt die Scheinheiligkeit des Regimes. Wir sagen, dass die Würde des Menschen unantastbar ist. Gilt das nur für Deutsche? Warum wird nicht mit den Zivilgesellschaften geredet, mit den Demokraten in diesen Ländern – anstatt immer mit diesen Regierungen! Man hat doch in den letzten 43 Jahren im Iran gesehen, dass das zu nichts führt. Ich darf inzwischen nicht mehr nach Persien reisen, weil ich dort verhaftet werden würde.

Meine Erfahrung ist, dass wenn die Politik diesbezüglich keinen Beitrag leistet, wir als zivile Gesellschaft etwas bewegen können: Die Projekte, die ich über die Kulturbrücke angestoßen habe, haben viele Menschen erreicht und viel positives Feedback erhalten. Jungen Frauen würde ich deshalb auch raten, ein Bewusstsein für Politik

Jungen Frauen würde ich deshalb auch raten, ein Bewusstsein für Politik zu entwickeln.

HOURVASH POURKIAN

zu entwickeln. Es geht nicht zu sagen: »Ich bin nicht politisch.« Politik ist überall. Preispolitik, Krisenpolitik, Bildungspolitik – alles ist Politik. Man muss nicht unbedingt in Parteien aktiv sein, junge Frauen können sich zum Beispiel in NGOs beteiligen oder an Demonstrationen teilnehmen. Es ist wichtig, etwas bewegen zu wollen, und dann auch zu erleben, etwas verändern zu können!

Ich empfehle jungen Frauen auch, sich Bildung anzueignen. Im Auftrag der Handelskammer doziere ich deshalb in Schulen zum Thema »Karriere mit Lehre«. Die Klassenlehrer:innen sagen mir oft vor meinen Vorträgen, sie haben viele muslimische Frauen in der Klasse, und bitten mich, darüber zu sprechen, dass sie einen Beruf ergreifen und sich weiterbilden sollen anstatt zu warten, bis sie geheiratet werden. Das mache ich gerne und erzähle dann auch von meiner eigenen Erfahrung, dass ich nicht aufgegeben habe, als ich die Kreditabsage bekam: Man muss immer dranbleiben, sich von Angesicht zu Angesicht treffen, persönlich agieren und nicht nur E-Mails schreiben – besser ist es, anzurufen und nachzufassen. Es gibt inzwischen mehr als 150 Lehrberufe in Deutschland – und man kann sich viele Informationen zum Beispiel direkt über die Handelskammer holen, um so herauszufinden, was zu einem passt.

> **Meine Erfahrung ist, dass Frauen doppelt so viel Engagement zeigen müssen, um in eine höhere Position zu kommen.**

Meine Erfahrung ist, dass Frauen doppelt so viel Engagement zeigen müssen, um in eine höhere Position zu kommen. Wenn sie das dann geschafft haben, werden sie umso mehr respektiert und bekommen viel Aufmerksamkeit. Ich sehe es deshalb als Vorteil, als Frau durch die Welt zu gehen und Forderungen zu stellen, und wünsche jungen Frauen mehr Selbstbewusstsein: Wir sollten unsere gesamten Leistungen und Fähigkeiten stärker anerkennen, Selbstvertrauen haben, selbstbewusst auftreten und Forderungen stellen. Dann werden sich auch alle Türen öffnen!

FERESHTA HUSSAIN

39, FAMILIENCOACH

Ich bin in Kabul geboren und dort mit zwei jüngeren Geschwistern aufgewachsen. An Afghanistan habe ich wenig Erinnerungen: Es waren Kriegszeiten, sodass ich von meinem Land nichts sehen konnte. Ab 1996 war ich wegen der Taliban dann ganz zu Hause, da sich Frauen nicht bewegen durften. Während dieses ersten Regimes der Taliban durften Mädchen auch nicht zur Schule gehen.

Zum Glück waren meine Eltern berufstätig: Mein Vater war Arzt und meine Mutter war Lehrerin. Sie wollte nicht, dass ihre Kinder ungebildet waren, und hat zusammen mit anderen Lehrerinnen aus der Nachbarschaft ein kleines Netzwerk gegründet, um uns Kinder zu Hause zu unterrichten. Im Keller haben die Frauen uns in ihrem jeweiligen Fach unterrichtet, von Schreiben über Englisch bis Physik. Wir mussten aufpassen, nicht erwischt zu werden, weil wir dann getötet worden wären. Da die Taliban kontrollierend von Haus zu Haus gingen, hatten wir immer einen Koran zur Hand. Kam jemand, haben wir alle anderen Sachen versteckt und so getan, als hätten wir Koran-Unterricht. Der war erlaubt.

Freizeitmöglichkeiten hatten wir auch nicht, Fernsehen und Musikhören waren verboten. Wurde bei Hausdurchsuchungen ein Fernseher oder Radio gefunden, schmissen die Taliban das Gerät auf die Straße und machten es kaputt.

Mein Vater hat erkannt, dass es in Afghanistan für uns nicht mehr weiterging; wir mussten das Land verlassen und sind im Jahr 2000 nach Deutschland gekommen, zunächst nach Eisenhüttenstadt. Dort wurden meine beiden Geschwister von uns getrennt und in eine Art Kinderheim geschickt, meine Mutter und ich kamen in ein Zimmer, mein Vater kam in die Männerabteilung. Wir mussten mehrere Tage in unserem Zimmer bleiben, das auch von außen abgeschlossen war. Nur zum Essen holen konnten wir heraus – es war wie im Gefängnis. Nach drei Tagen wurden wir dann offiziell registriert und kamen wieder als Familie zusammen. Wir wurden gefragt, wo wir hinwollten – und antworteten, das sei egal, Hauptsache in Sicherheit. So sind wir nach Potsdam gekommen. Unser Asylantrag wurde zunächst abgelehnt, wir haben dann geklagt und nach drei Jahren politisches Asyl zugesprochen bekommen. Tatsächlich bekommt niemand ohne Anwalt Asyl, das wussten wir nur anfangs noch nicht.

Meine Eltern stellten in Potsdam einen Antrag, dass ich beschult werde. Ich wurde zu einem Test in Deutsch, Mathematik und Englisch einbestellt. Mathe und Englisch gingen, Deutsch konnte ich zumindest ein bisschen lesen, und so bin ich in eine neunte – deutsche – Klasse gekommen. Willkommensklassen gab es damals noch nicht.

An unserer Schule waren wir die ersten ausländischen Kinder. Wir wurden dort gut empfangen: Meine Lehrerin hat uns unterstützt, sie hat uns auch zu Hause besucht, um meine Eltern und unsere Kultur kennenzulernen. Sie hat uns auch alle zusammen zu sich nach Hause eingeladen. Die gesamte Schule war uns gegenüber sehr offen, da hatten wir Glück. Nach der zehnten Klasse habe ich eine Ausbildung als Sozialassistentin gemacht und anschließend eine Ausbildung zur Erzieherin, um bessere Möglichkeiten zu haben. Dann wurde mir klar, dass ich zwar Kinder liebe, aber nicht in einer kleinen Gruppe bleiben wollte: Ich wollte in vielen, immer neuen Bereichen arbeiten und habe mich noch einmal neu orientiert. Auf dem zweiten Bildungsweg habe ich das Abitur nachgeholt und danach Kindheitspädagogik studiert. Zu Beginn des Masterstudiums wurde ein Projekt vorgestellt, in dem es um Gesundheit und Pflege

> **Unser Asylantrag wurde zunächst abgelehnt, wir haben dann geklagt und nach drei Jahren politisches Asyl zugesprochen bekommen. Tatsächlich bekommt niemand ohne Anwalt Asyl, das wussten wir nur anfangs noch nicht.**

FERESHTA HUSSAIN

von Menschen mit Fluchterfahrung ging. Das hat bei mir zu einer Verschiebung des Fokus geführt: Ich hatte mein Hauptthema gefunden und habe alle Hausarbeiten und meine Masterarbeit über die Themen Migration und Integration geschrieben.

Nach meinem Abschluss habe ich begonnen, im SOS-Familienzentrum Berlin-Hellersdorf zu arbeiten. Dort gab es verschiedene Angebote für Menschen mit Fluchterfahrungen und Migrationshintergründen. In Hellersdorf leben viele Menschen aus Afghanistan: Da ich Dari-Muttersprachlerin bin, konnte ich gut die Beratung zum Asylrecht oder zu sozialen Themen übernehmen. Daneben war ich auch in das Frauen-Sprachen-Café eingebunden und habe Alphabetisierungskurse für afghanische Frauen gegeben. Das ist sehr gut gelaufen, aber leider wegen Corona dann alles ausgefallen. Zugleich waren auch die Ämter geschlossen, alles musste digital ausgefüllt werden. Damit hatten viele Menschen mit Fluchterfahrung Schwierigkeiten: Sie hatten kein Internet, konnten kein Homeschooling machen, hatten keine Mail-Adresse, wussten nicht, wie sie Formulare ausdrucken, ausfüllen und einscannen sollten – es gab große Probleme. Dann habe ich Beratung für diese Dinge angeboten – und es gab sehr, sehr viele Menschen, die kamen.

Daneben engagiere ich mich auch politisch. In Potsdam gibt es einen Migranten-Beirat, dessen Vorsitzende ich seit 2021 bin. Der Migrant:innenbeirat ist die kommunale Vertretung von Potsdamer Migrant:innen. Der Beirat berät die Stadtverordnetenversammlung, ihre Gremien und die Stadtverwaltung in allen migrations- und integrationsrelevanten Fragen und hat das Recht, eigene Vorschläge zu unterbreiten. Zudem können sich Menschen, die Probleme haben, an uns wenden. Zusätzlich bin ich Co-Vorsitzende in der AG Migration und Vielfalt der SPD in Brandenburg. Wir arbeiten zu verschiedenen Thematiken wie Antidiskriminierung, Abschiebungsverboten und dem Landesaufnahmeprogramm von Ortskräften aus Afghanistan. Ich begleite auch einen Stammtisch für weibliche Ortskräfte aus Afghanistan, die 2021 neu in Deutschland angekommen sind.

> **An unserer Schule waren wir die ersten ausländischen Kinder. Wir wurden dort gut empfangen.**

Bei all meinem Engagement fällt mir immer wieder auf, dass wir beim Thema Integrationspolitik in einer Parallelgesellschaft leben: In Reden wird von Politikern gesagt, was sie alles machen wollen; betrachtet man dann die bürokratische Realität in der Ausländerbehörde, sieht die ganz anders aus. Da werde ich dann auch wütend, wenn ich sehe, mit wie vielen Vorurteilen dort gearbeitet wird, wie viel Diskriminierung es gibt. Mein Wunsch an die Politik ist, das Gesagte auch umzusetzen! Wir brauchen vielfältige und interkulturell offene Behörden. Viele Menschen mit Fluchterfahrungen trauen sich gar nicht, zu Ämtern zu gehen, weil sie in der Ausländerbehörde und beim Jobcenter immer schlecht behandelt werden. Es wäre sehr gut, wenn Mitarbeiter der Behörden interkulturell geschult würden, und wenn mehr interkulturelle Fachkräfte dort arbeiteten. Ich denke auch, dass eine Quote helfen würde – damit zumindest ein gewisser Prozentsatz an Menschen mit Migrationshintergrund und mit anderen Sprachkenntnissen in den Ämtern arbeitet. Ich selbst nehme auch in der Beratung wahr, dass Frauen mit Kopftuch, Menschen mit einer nicht-weißen Hautfarbe oder Personen, die nicht so gut Deutsch sprechen, lieber zu mir kommen. Bei mir fühlen sie sich wohl.

Neben Veränderungen auf den Ämtern wünsche ich mir von der Politik eine stärkere Wahrnehmung der Mütter. Mütter sind entscheidend. Wenn die Mütter hinter den Zielen ihrer Kinder stehen, wissen, wo sie Hilfe holen können – dann können die Kinder sehr viel erreichen. Leider läuft es hier in Deutschland oft anders: Die Frauen kommen hier an, dann kommt ein Kind, die Frauen bleiben zu Hause und der Bildung fern. Ein weiteres Kind folgt – und wenn die Kinder später alle in der Schule sind, kann die Frau immer noch kaum Deutsch. Um einen Schulabschluss zu machen, müsste sie erst noch Deutsch lernen, hat aber wenig Zeit, weil sie Geld verdienen muss, den Haushalt führt und sich

> **Wir brauchen vielfältige und interkulturell offene Behörden. Viele Menschen mit Fluchterfahrungen trauen sich gar nicht, zu Ämtern zu gehen, weil sie in der Ausländerbehörde und beim Jobcenter immer schlecht behandelt werden.**

FERESHTA HUSSAIN

um die Kinder kümmert. Deshalb ist es wichtig, auch Mütter in der Elternzeit zu fördern. Bleiben sie zu Hause, ist das für die Bildungsbiografie der Frauen verlorene Zeit.

Ich selbst habe meinen Ort gefunden: Potsdam finde ich wunderschön. Hier kamen immer schon Menschen aus aller Welt her, um zu arbeiten; es ist eine Stadt der Vielfalt. Und in den letzten Jahren hat sich noch einmal eine Menge zum Positiven entwickelt: Es gibt viele Angebote für Menschen mit Migrationshintergrund. Und viele Einheimische haben auch während der Flüchtlingskrise Menschen unterstützt – und machen das zum Teil bis heute noch. Neulich habe ich eine 80-jährige Frau getroffen, die eine Flüchtlingsfamilie seit sieben Jahren zu Ämtern und durch alle Schwierigkeiten begleitet. Die Dame möchte nicht zu Hause bleiben, hat keine Enkelkinder – und nun hat sie die Kinder der afghanischen Familie wie Enkel angenommen. Sie hat meinen vollsten Respekt! Mein Eindruck ist, dass Potsdam insgesamt viel offener, bunter und toleranter geworden ist.

Ich selbst habe meinen Ort gefunden: Potsdam ist insgesamt viel offener, bunter und toleranter geworden.

Heranwachsenden Frauen rate ich, sich zu bilden: Bildung macht alles möglich. Wenn man gebildet ist, kann man gegen Diskriminierung und für die eigenen Rechte kämpfen. Außerdem wünsche ich Frauen Mut! Auch den Mut, um Unterstützung zu bitten. Und ich empfehle, den eigenen Weg zu suchen – und niemandem hinterherzulaufen. Wer den Weg selbst sucht, kommt in Kontakt mit neuen Menschen, Kulturen und Orten. Man lernt, offen zu sein für alles – das geschieht nicht, wenn man jemandem folgt. Wichtig ist auch, auf diesem eigenen Weg ein konkretes Ziel zu haben und dabei zugleich flexibel zu bleiben: Mein Weg war über Jahre der soziale Bereich, gerade wendet er sich in Richtung Politik. Entscheidend ist zu wissen, dass auch eine Frau kämpfen und erfolgreich sein kann! Ich bin eine Muslimin, ich komme aus einem muslimischen Land – auch dann kann man als Frau erfolgreich und stark sein und gegen Probleme kämpfen. Es kommt darauf an, immer positiv zu denken und den Blick nach vorne zu richten!

IKRAM AFFANI
33, REFERENDARIN FÜR DEUTSCH UND ISLAMISCHE RELIGIONSLEHRE

Ich bin als fünftes Kind meiner Eltern in Köln-Kalk aufgewachsen. Sie kommen ursprünglich aus Marokko. Mein Vater war Gastarbeiter bei der Deutschen Bahn. In unserer Straße haben viele Türk:innen gewohnt und nur wenige ältere deutsche Frauen. Ich bin auf der anderen, der »besseren« Rheinseite zur Schule gegangen. Da ich nämlich stark kurzsichtig bin, hatte meine Mutter gemeinsam mit dem Arzt durchgesetzt, dass ich auf eine Schule mit dem Förderschwerpunkt Sehen komme. Ich war dort das einzige Kind aus Kalk. Es war eine kleine Klasse, was mir sehr guttat, weil ich schüchtern war.

Meine Grundschullehrerin hat mich unterstützt. Sie hat mir jeden Freitag ein neues Buch gegeben, das ich bis zur nächsten Woche lesen sollte. Das war zwar inhaltlich keine große Hilfe, weil ich mit den Romanen überfordert war und bei uns zu Hause nicht lesen konnte, da wir in beengten Wohnverhältnissen lebten. Aber mich hat es motiviert, dass da ein Mensch ist, der an mich glaubt. Ich habe dann auf der Rückseite des Buches gelesen, worum es in dem Buch geht, ein wenig reingeblättert und so getan, als hätte ich es gelesen.

Meine Eltern fanden es gut, dass ich eine bessere Bildung anstrebte. Sie waren selbst Analphabeten und konnten nur wenig Deutsch, sodass ich bei den Elternsprechtagen immer zum Übersetzen mit dabei war – und teilweise auch flunkerte, damit ich keinen Ärger bekam. Einmal hat meine Lehrerin zu Hause angerufen, weil ich öfter meine Hausaufgaben nicht gemacht hatte. Ich habe einen Schrecken bekommen, aber mein älterer Halbbruder ist ans Telefon gegangen, hat geschmunzelt und meinte, das sei doch nicht schlimm. Vorher hatte ich aber Angst gehabt, weil meine Lehrerin angekündigt hatte, dass sie bei uns zu Hause anrufen wird. Zu Hause hat mich ja niemand unterstützt, ich war auf mich allein gestellt. Dafür hat mir meine Mutter aber Herzensbildung mitgegeben. Wenn mal eine Note schlecht ausfiel, hat sie gesagt: »Hauptsache, du gibst dein Bestes, das ist gut genug.« Das war auch stärkend.

Nach der vierten Klasse bin ich auf die Realschule gegangen, da ich befürchtete, dass es auf der Förderschule nichts würde mit der Bildung. Dort konnte man nämlich nur den Hauptschulabschluss machen. Auf der Realschule waren meine Leistungen durchschnittlich. Nur in Mathe und Englisch hatte ich viele Probleme, egal wie viel ich gelernt hatte – es war frustrierend. Meine Freundin, mit der ich damals gemeinsam gelernt habe, ist klug, aber sie war extrem schüchtern – wenn sie drankam, ist sie rot angelaufen und hat sich nicht getraut, etwas zu sagen, obwohl sie die Antwort wusste. Sie ist deshalb nach der sechsten Klasse auf die Hauptschule gekommen. Ich wiederum musste wegen Mathe und Englisch die siebte Klasse wiederholen.

In der achten Klasse ist mein Vater verstorben, ich war auf dem Höhepunkt der Pubertät und auch für die Lehrer:innen nicht mehr zugänglich. In der neunten Klasse habe ich dann die Kurve bekommen und wollte einen guten Realschulabschluss machen. Meinen Mathelehrer habe ich gebeten, mir eine Drei zu geben. Er fragte, wozu ich die brauche. Ich antwortete, Abitur machen zu wollen – und er sagte, das würde ich nie schaffen. Schließlich hat er mir die Drei unter der Bedingung gegeben, dass ich nicht versuche, Abitur zu machen.

Das war aber mein Ziel. Deshalb hatte ich auch Diskussionen mit Berufsberatern. Die haben mir gesagt, nicht jeder könne alles schaffen und ich solle Arzthelferin werden. Ich hatte aber keine Lust, einem Arzt assistieren zu müssen, nur weil ich aus Köln-Kalk komme. Ich habe mich stattdessen für eine Ausbildung als Erzieherin mit Abitur beworben, wurde angenommen – und dachte, die hätten bestimmt einen Fehler gemacht. Aus Angst habe ich das Angebot abgelehnt.

Dann hatte ich nichts. In unserer Religion heißt es, man solle seine Zeit sinnvoll verbringen und nicht herumlungern. Ich habe also weitergesucht und hatte ständig meine Bewerbungsunterlagen dabei. Eines Tages begleitete ich eine Freundin aus der Realschule,

IKRAM AFFANI

die sich fürs Fachabitur beworben hatte. Viele der dort angemeldeten Menschen fehlten. Da habe ich gefragt, ob ich anstelle der Fehlenden ein Teil der Klasse werden könne. Ich habe meine Bewerbungsunterlagen gezeigt, wurde angenommen und habe mein Fachabitur in Wirtschaft und Verwaltung gut bestanden. Mit dem Fachabitur habe ich mich noch einmal für die Erzieher:innen-Ausbildung angemeldet, wurde wieder angenommen und habe dort auch noch mein Vollabitur gemacht. Die Arbeit im Kindergarten hat Spaß gemacht, aber eines Tages schlug mir ein Familienvater vor, ich könne mich doch weiterbilden: Er war Lehrer und erzählte mir, dass es in Münster den Studiengang Islamische Religion auf Lehramt gibt und ich das doch machen könnte. Ich hatte bis dahin immer gedacht, dass ich später, im Alter, Religion studieren wollte. Sein Vorschlag hat mich dann auf die Idee gebracht, das Religiöse und das Weltliche zu verbinden. Ich habe Religion und Deutsch studiert und bin jetzt im Referendariat.

Das Referendariat mache ich in Essen an einer Gesamtschule. Ich habe zum Glück eine sehr gute Ausbildungsbeauftragte, die immer für mich da ist und mir den Rücken freihält. Auch meine Ausbildungslehrer sind kooperativ, mir stehen also die Richtigen zur Seite. Die Schülerschaft ist sehr sympathisch, hat das Herz am rechten Fleck. Für mich ist es nur schwierig, weil ich meine Lehrfähigkeit im Referendariat unter Beweis stellen muss, und wir hier viel erziehen müssen. Wenn ich aber mit Erziehen beschäftigt bin, kann ich die Phasierung des Unterrichts nicht gut umsetzen. An manchen Tagen klappt es gut, da haben die Schüler zwar Lust zu randalieren, aber machen mir zuliebe den Unterricht mit, da die Chemie zwischen uns stimmt. Aber an manchen Tagen ist der Stress der Schüler:innen von zu Hause zu groß oder sie verstehen etwas nicht, können sich nicht ausdrücken und produzieren deshalb Ärger. Dafür muss man einen Blick entwickeln, es ist viel Beziehungsarbeit.

Ich bin froh, dass ich meinen Religionskurs behalten darf; meistens wechseln die Kurse, und dann muss man mit dem Beziehungsaufbau wieder von Neuem anfangen. In meinem Kurs sind 27 Schüler, das ist für ei-

> **Abitur zu machen war mein Ziel. Die Berufsberater haben mir gesagt, nicht jeder könne alles schaffen und ich solle Arzthelferin werden.**

nen Kurs viel zu viel, man möchte ja Erfahrungen teilen und reflektieren – bei 27 Schülern erreicht man dann nicht jeden. Ich versuche, alle mitzunehmen und zu motivieren, aber unter solchen Bedingungen muss man ertragen lernen, Menschen dabei zuzusehen, wie sie das Selberdenken aufgeben, und nichts daran ändern zu können. Einige Schüler:innen haben auch ständig Hunger, sodass ich nicht richtig unterrichten kann. Anfangs hatte ich immer etwas dabei für die Kinder, aber das kann ich auch nicht in jeder Stunde machen.

Neben den schlechten Lernbedingungen für die Schüler:innen ist dann noch der schlimme Zustand des Gebäudes zu erwähnen. Es soll abgerissen werden, das kann allerdings noch fünf Jahre oder länger dauern; so lange werden hier Menschen unterrichtet, die eigentlich eine schöne Lernatmosphäre brauchen. Die haben wir nicht. Es tropft von der Decke, die Luft ist vor allem im Sommer sehr schlecht, und man kann kaum noch durch die Fenster gucken. Es wird etliche Male im Jahr eingebrochen, die mediale Ausstattung ist miserabel. Andernorts gibt es Klassenzimmer, wo ein Beamer an der Decke hängt, die Lehrkraft mit dem Laptop reinkommt, diesen anschließt und anfangen kann. Wir haben hier für alle neunten und zehnten Klassen zusammen zwei Overheadprojektoren und einen einzigen Beamer für alle Lehrer:innen der Jahrgangsstufe neun. Und unsere Stufen gehen von a bis h – also achtgleisig. Um flexibel zu sein, habe ich mir einen eigenen Beamer gekauft. Allerdings haben die meisten Klassenzimmer keine Gardinen, sodass es zu hell ist und man sehen muss, wie man zurechtkommt. Teilweise kann man die Tafeln auch nicht beschreiben, weil sie mit einer Art Platte beklebt sind, um nicht kaputt auszusehen. Andere Tafeln sind ganz zugeschraubt – warum auch immer.

Ich behandele im Unterricht gerade das Thema Frau und Mann im Islam. In vielen Traditionen wird gesagt, dass Frauen zu Hause bleiben und Männer arbeiten gehen sollen. Dazu wird auch gerne aus dem Koran zitiert. Der Koran kann aber sehr vielfältig interpretiert werden, und da meistens die Männer

> **Meine Schüler:innen sollen sich ausdrücken und mitdiskutieren können, sie sollen keine reinen Zuhörer:innen sein, sondern aktiv ihr Leben gestalten.**

IKRAM AFFANI

den Koran interpretieren, wird natürlich gelesen, dass Frauen zu Hause bleiben müssen. Aber die Zeiten haben sich geändert: Wir sind nicht mehr in der Wüste; Frauen sind draußen nicht mehr schutzlos – und es gab und gibt auch weibliche Gelehrte, die sich mit dem gesellschaftlichen Leben im Islam beschäftigt haben. Daher möchte ich mit meinen Schüler:innen das Thema erfolgreicher muslimischer Frauen thematisieren. Meine Schüler:innen sollen sich ausdrücken und mitdiskutieren können, sie sollen keine reinen Zuhörer:innen sein, sondern aktiv ihr Leben gestalten. Dafür sind weibliche Vorbilder aus der heutigen Zeit notwendig: Auch wenn denen erzählt wurde, dass sie das nicht schaffen oder nicht dürfen – sie haben es trotzdem geschafft. So ein Leitbild zu haben, motiviert.

Gesellschaftlich würde ich mir wünschen, dass sensibler miteinander umgegangen wird. Man weiß nie, woher jemand kommt oder was jemand hinter sich gelassen hat, um da zu sein, wo er jetzt ist. Wenn ein Mensch glaubt, etwas Besseres zu sein, weil er eine gehobene Position hat, täuscht er sich vielleicht – denn sein Gegenüber hatte vielleicht viel mehr Steine aus dem Weg zu räumen und hat deshalb in Wirklichkeit mehr geschafft. Andere zu unterdrücken, ist primitiv – und die Hoffnung von Heranwachsenden zu unterbinden, indem man sie künstlich klein hält, ist fürchterlich. Nur weil ein Mensch aus einer bildungsfernen Schicht kommt, heißt das nicht, dass er nicht Ärztin, Lehrer oder Erfinder:in werden kann. Der Wille versetzt Berge. Ich wollte Lehrerin werden, seitdem ich in der zweiten Klasse war und meine Lehrerin so toll fand: Und hier bin ich!

Jungen Frauen würde ich empfehlen, dass sie ihre Energie in Bildung stecken und in nichts anderes. Wenn es mit dem einen Weg nicht klappt, dann geht den anderen! Bildung ist der einzige richtige Weg und der Schlüssel zum Glück. Auch wenn man noch nicht weiß, welcher Bildungsweg der richtige ist: Wichtig ist, loszugehen!

> **Nur weil ein Mensch aus einer bildungsfernen Schicht kommt, heißt das nicht, dass er nicht Ärztin, Lehrer oder Erfinder:in werden kann.**

NASSIRA MERKER
41, PROJEKTMITARBEITERIN MULTIKULTURELLES FORUM E.V.

Ich bin zwar in Marokko geboren, aber schon eine Woche später nach Deutschland gekommen. Meine Mutter war damals im Heimaturlaub – und ich bin etwas früher als geplant gekommen. Aufgewachsen bin ich im tiefsten Dortmunder Norden, einer Art Ghetto, wo viele Migranten wohnten. Meine Mutter war aber eine sehr starke Frau und hat sich von ihrem Umfeld nicht hineinreden lassen: Sie hat mich im evangelischen Kindergarten angemeldet – mit den anderen Kindern bin ich freitags dann immer in die Kirche gegangen. Meine Eltern waren sehr gläubig und der Auffassung, »es gibt nur einen Gott«, und zu dem kann man auch in einer Kirche beten.

Dann kam ich in die Grundschule – wo meinen Eltern empfohlen wurde, mich auf die Sonderschule zu bringen: Meine Klassenlehrerin kam nicht mit mir zurecht, in ihren Augen war ich hyperaktiv. Meine Eltern wollten aber nicht, dass ich die Grundschule verlasse. Sie gingen zum Sozialhelfer der Schule. Der empfahl meinen Eltern, es mit Sport zu probieren. Meine kopftuchtragende Mutter brachte mich zum Judo, wo außer mir fast nur Jungs waren. Sie wurde dafür von ihrem Umfeld heftig kritisiert – aber ich war endlich ausgelastet, konnte auf der Grundschule bleiben und wechselte später auf die Gesamtschule.

Wir sind fünf Schwestern, drei sind älter als ich. Ich bin die Einzige aus der Familie, die das Ziel hatte, zu studieren und beruflich etwas zu erreichen – und meine Eltern haben das bemerkt und gefördert, obwohl sie selbst niemals diese Chance auf Bildung gehabt haben: Meine Mutter ist noch mit der klassischen Rolle der muslimischen Frau groß geworden, die zu Hause bleiben muss und sich um die Kinder kümmert. Mein Vater war im Bergbau tätig. Nach zehn Jahren wurde ihm das Angebot gemacht, mit etwas Geld zurückzukehren. Ich bin ihm unendlich dankbar, dass er wegen seiner Kinder in Deutschland geblieben ist!

Nach dem Judo habe ich mit Boxen begonnen. Meine Eltern dachten, es sei gut, eine Tagesstruktur zu haben: Schule, Sport, dann nach Hause – so kommt ihre Tochter nicht auf die schiefe Bahn. Schließlich wohnten wir immer noch im sozialen Brennpunkt, eine andere Wohnung bekamen wir nicht: Da unser Nachname Zelmat war, was nicht sehr arabisch klingt, haben wir zwar Besichtigungstermine bekommen, aber wenn sie uns dann sahen, hieß es sofort: »Ja, ja, wir melden uns ...«

Mein Trainer hat viel mit meinen Eltern gesprochen und sie in ihrer Entscheidung, mich trainieren zu lassen, unterstützt: Ich fuhr jeden Tag zum Training bis nach Wanne-Eickel mit dem Zug, zur Winterzeit war es dann dunkel – aber mein Trainer hat meinen Eltern vermittelt, wie wichtig es auch für ein Mädchen ist, Selbstständigkeit zu entwickeln. Ausgrenzung habe ich über den Sport umgekehrt erlebt: Junge Männer mit Migrationshintergrund haben gesagt, ich sei keine richtige Muslimin, wenn ich so einen Sport mache, anstatt ein Kopftuch zu tragen. Ich bin aber so erzogen worden, dass es wichtig ist, wie man im Herzen ist – und nicht, ob man ein Kopftuch trägt.

Meinen Weg hat vermutlich vereinfacht, dass ich keine Brüder habe. Manchmal unterstützen Brüder ihre Schwestern bei deren Zielen, oftmals ist das aber nicht der Fall. Ich würde mir wünschen, dass Deutschland auch den heranwachsenden Frauen mit Brüdern hilft, die Familien zu öffnen. Das könnte zum Beispiel über Projekte laufen wie Sport-AGs, zu denen die Mütter eingeladen werden, um zu sehen, was ihre Töchter machen. Oder deutsch-arabische Treffen, wo Mütter zusammen kochen, nähen oder Sport treiben – und so den anderen Kulturkreis kennenlernen. Wenn die Mütter nur unter sich bleiben, ist es schwierig. Verlieren sie hingegen die Angst vor dem

> **Junge Männer mit Migrationshintergrund haben gesagt, ich sei keine richtige Muslimin, wenn ich so einen Sport mache, anstatt ein Kopftuch zu tragen.**

NASSIRA MERKER

anderen, geben sie das auch an die Töchter weiter, und der Weg ist geebnet.

Nach dem Abitur habe ich in Essen Erziehungswissenschaften studiert und parallel dazu eine kaufmännische Ausbildung gemacht. Während der Studienzeit habe ich auch viel Boxsport im Leistungsbereich betrieben. Boxwettkämpfe im Amateurbereich wurden für Frauen ja erst Anfang 1996 erlaubt – und ich war eine der ersten Frauen, die einen Wettkampf ausüben durfte.

Rassismuserfahrungen habe ich in Dortmund und auch während des Studiums kaum gemacht. Das begegnete mir erst bei einem Besuch in Freiburg: Eine Verkäuferin fragte mich, warum ich so gut Deutsch könne und woher ich käme. Ich verstand das nicht und meinte, aus Dortmund – das Gespräch lief dann so lange, bis sie erfuhr, dass meine Eltern aus Marokko stammen. Damit war auch ich in ihren Augen Marokkanerin. Inzwischen passiert es mir bei Terminen wegen meines deutschen Nachnamens oft, dass alle überrascht sind, weil ich so schwarze Haare habe.

Vorurteile gibt es auf jeden Fall gegenüber dem Dortmunder Norden. Ich weise dann immer darauf hin, dass ich da groß geworden bin und etwas aus mir geworden ist. Unterstützend war dafür neben dem Sport auch das Dietrich-Keuning-Haus, wo es viele Aktionen für Kinder gab, die nichts kosteten und Spaß machten.

Nach dem Studium war ich zuerst als Sozialhelferin an einer Grundschule tätig. Dann bin ich zum Multikulturellen Forum e. V. gegangen. Unser Chef hat selbst einen Migrationshintergrund, meiner war also kein Hindernis. Von 2009 – 2018 habe ich hier ein Projekt für benachteiligte junge Erwachsene geleitet, die im ALG-II-Bezug waren. Das Projekt verfolgte unter anderem das Ziel, die benachteiligten jungen Erwachsenen, die einen erschwerten Zugang zu Ausbildung und dem Arbeitsmarkt hatten, zu unterstützen. Das Projekt beinhaltete einen Auslandsaufenthalt, wo die Teilnehmer:innen ein Praktikum absolvierten und mit neuen Kompetenzen und gestärktem Selbstwertgefühl zurück nach Deutschland kehrten. Somit eröffneten sich neue Chancen für ihre berufliche Perspektive. Ich habe dafür gekämpft, in diesem Projekt tätig zu sein, und

> **Ich bin aber so erzogen worden, dass es wichtig ist, wie man im Herzen ist – und nicht, ob man ein Kopftuch trägt.**

meine Hartnäckigkeit hat gesiegt. Es war erfolgreich, und wir waren mit den Ergebnissen sehr zufrieden. Viele der Teilnehmenden entwickelten Pläne, setzten diese um und gingen anschließend ihren beruflichen Weg.

2019 ging ich für drei Jahre in Elternzeit und habe in der Zeit zwei Kinder zur Welt gebracht. Seit meiner Rückkehr im letzten Jahr bin ich jetzt im Bereich »Ausreise- und Perspektiv-Beratung« tätig. Diese Beratungsstelle informiert über die Möglichkeit und die Risiken einer Ausreise in das jeweilige Herkunftsland. Das ist ein neuer Bereich für mich, auf den ich mich erst einlassen musste. Das Multikulturelle Forum e. V. bietet den Ratsuchenden die Möglichkeit, sich über die aktuellen Möglichkeiten der Ausreise zu informieren, unterstützen bei der Beschaffung von Dokumenten usw.. Diese Beratung ist freiwillig, unabhängig und kostenlos. Sie ist für Menschen gedacht, die wirklich nicht mehr können, die sich das Leben hier anders vorgestellt haben und zurückwollen – oder deren Asylverfahren abgelehnt wurde.

> **Für die gesellschaftliche Entwicklung wünsche ich mir, dass Deutschland unbürokratisch wird! Derzeit scheitert die Integration in den Arbeitsmarkt bei vielen Menschen an den Papieren.**

Für die gesellschaftliche Entwicklung wünsche ich mir, dass Deutschland unbürokratisch wird! Derzeit scheitert die Integration in den Arbeitsmarkt bei vielen Menschen an den Papieren: In Deutschland wird man als Mensch anhand seiner Zertifikate bemessen, nicht anhand der Erfahrungen oder des Könnens. Man spricht von Fachkräftemangel, aber schaut bei Menschen nicht darauf, was sie wirklich können, was sie Neues mitbringen. Eine syrische Lehrerin etwa mag anders unterrichten. Aber warum schaut man nicht, ob Deutschland von ihrem Wissen und ihrer Erfahrung profitieren könnte, anstatt diese Frauen in der Kindertagespflege landen zu lassen, weil dafür die Zertifikate gerade so ausreichen? Ich finde das sehr traurig.

In der Privatwirtschaft gibt es zum Glück schon Ausnahmen: Ich habe im Rahmen meiner Projektarbeit einen Arbeitgeber kennengelernt, für den nur das Vorstellungsgespräch zählte, nicht die Bewerbungsmappe. Er lud jeden ein, egal ob derjenige auf der Hauptschule oder dem Gymnasium war. Er

NASSIRA MERKER

meinte, es ginge darum, wie der Mensch sei. Ich finde diese Einstellung sehr gut – schließlich wäre ich selbst auch fast auf die Sonderschule gekommen. Deutschland könnte eine größere Offenheit entwickeln zu schauen, was ein Mensch jenseits seiner Zertifikate ist und kann. Davon würden wir alle profitieren. Noch sind wir aber weit davon entfernt, es geht nur um die Anerkennung von Papieren. Schön wäre stattdessen eine Art runder Tisch, wo Deutschland sich mit seinem System Zugewanderten und Flüchtlingen vorstellt und fragt: »Was können wir noch besser machen?«.

Was mir an der Entwicklung der letzten Jahre gefällt, ist, dass viele junge Frauen mit Kopftuch berufstätig sind. Im Verkauf haben sie manchmal auch Führungspositionen, zum Beispiel als Filialleiterin.

Jungen Frauen empfehle ich, sich nicht zu verbiegen, niemals aufzugeben und an sich zu glauben! Auch wenn man mal scheitert, ist es wichtig, an den eigenen Zielen festzuhalten und zu schauen, wie man sie auf anderem Weg erreicht, und das nicht als Scheitern anzusehen, sondern als weitere Erfahrung. Bei uns Südländern geht es oft auch darum, sich von den Familien loszulösen. Sich als Frau aus diesen Strukturen der Erwartung herauszuboxen, ist die erste Aufgabe – und wenn man das geschafft hat, schafft man auch alles andere.

Sich nicht verbiegen zu lassen, bezieht sich aber nicht nur auf die eigene Familie, sondern auch auf die Gesellschaft: Wenn man in einem Bereich arbeiten möchte, wo das Kopftuch nicht gerne gesehen ist, würde ich nicht empfehlen, es deshalb abzulegen. Sondern an sich zu glauben und sich anzuschauen, wie andere Frauen es geschafft haben, ihre Ziele zu verwirklichen. Wichtig ist, rauszugehen ins Leben und auszuprobieren! Und sich mit anderen Frauen zu vernetzen; das schafft Vertrauen und stärkt das Selbstwertgefühl. Und wenn dann eine Chance kommt zu verwirklichen, was man möchte, ist alles Weitere ein Selbstläufer. Durchhalten, geduldig sein und nerven – wenn man etwas will! Der Weg ist das Ziel, das sage ich mir immer.

> **In Deutschland wird man als Mensch anhand seiner Zertifikate bemessen, nicht anhand der Erfahrungen oder des Könnens.**

CANSU POHL
30, UNTERNEHMENSBERATERIN

Mein Vater ist in den 1970er Jahren als Neunjähriger nach Deutschland gekommen, meine Mutter kam 1989 nach der Heirat aus der Türkei hierher. Ich selbst bin in Wolfenbüttel geboren und dort mit meinem jüngeren Bruder zusammen aufgewachsen. Unsere Eltern waren stets bemüht, dass mein Bruder und ich gegenüber den deutschen Kindern keinerlei Nachsehen haben: Wir durften auf jede Klassenfahrt mit sowie abends ausgehen. Viele unserer Freunde und Bekannten waren deutsch. Damit wir keine Benachteiligungen erfahren, war es meinen Eltern wichtig, dass wir uns stets gut benehmen. Keiner sollte sagen: »Die Türken wieder!«

Deutsch habe ich mit drei Jahren im Kindergarten gelernt. Ich erinnere mich daran, dass meine Eltern mich neben ein älteres Kind gestellt haben und sagten, dass der Junge sowohl Deutsch als auch Türkisch sprechen kann – er würde mich also verstehen und könne mir weiterhelfen. Der Junge interessierte sich aber wenig für mich, weil er viel älter war und schon seine eigenen Freunde hatte. Ich habe trotzdem schnell Deutsch gelernt und konnte es dann fließend, als ich zur Schule kam.

Meine Eltern haben immer betont, dass sie sich einen höheren Bildungsstandard für mich wünschen. Sie selbst hatten diese Möglichkeit nicht: Meine Mutter arbeitet als Reinigungskraft und mein Vater ist gelernter Kranschlosser und ist jetzt bei der Werkssicherheit tätig. Wir sollten bessere Chancen haben.

Nach der Grundschule bin ich aufs Gymnasium gekommen. Dort war ich die Einzige mit Migrationshintergrund. Das hat meine

Eltern dazu bewogen, mich noch mehr zu pushen, damit ich ja mit den anderen auf einer Ebene bin und nicht hinterherhinke. Mein Vater ist mit neun Jahren hier in Deutschland zur Schule gekommen, er konnte kein einziges Wort Deutsch und hing automatisch zurück. Er hatte zwei türkische Freunde in der gleichen Situation, die sich gegenseitig ausgeholfen haben, die aber auch sehr darum kämpfen mussten, in den deutschen Freundeskreis integriert zu werden. Das Problem, in der türkischen Community festzuhängen, konnte ich nicht haben, weil ich die Einzige mit türkischen Wurzeln war: Ich musste mich mit Deutschen anfreunden. Ich habe meine Kindheit und Jugend fast ohne Verbindungen zur türkischen Community verbracht. Viele türkischstämmige Menschen in unserer Gegend blieben stattdessen unter sich, hatten keinen oder nur einen sehr kleinen deutschen Freundeskreis und wollten sich nicht integrieren. Ganz akzeptiert wurde ich in der deutschen Community aber auch nicht: Viele deutsche Kinder haben mehr miteinander gespielt, sie waren eine eingeschweißte Gemeinschaft.

> **Ganz akzeptiert wurde ich in der deutschen Community aber auch nicht: Viele deutsche Kinder haben mehr miteinander gespielt, sie waren eine eingeschweißte Gemeinschaft.**

In den Sommerferien sind wir immer für sechs Wochen in die Türkei gefahren, da meine Großeltern dort leben. Ich spreche so gut Türkisch, dass man nicht hört, dass ich aus Deutschland komme, und so gut Deutsch wie eine Deutsche. Ich habe beides mitbekommen und werde von beiden Seiten nicht ganz akzeptiert: In der Türkei bin ich eine Deutsche, hier bin ich die Türkin. Ich habe gleichzeitig beides und gar nichts.

An Benachteiligungen von Seiten der Lehrer:innen kann ich mich nicht erinnern. Ich war nur eben immer die Einzige mit Migrationshintergrund und eine der ganz wenigen, deren Eltern keine Akademiker waren. Ich musste mich immer mehr reinhängen als andere. Geholfen, es trotzdem zu schaffen, hat mir mein Ehrgeiz: Ich habe gemerkt, dass es gut läuft, wenn ich an mich selbst glaube. Je mehr Selbstbewusstsein ich hatte, desto besser waren die Ergebnisse. Nachhilfe habe ich nie bekommen, Mentoren hatte ich auch nicht, und meine Eltern machten mir zwar Druck, konnten mich aber nicht fachlich unterstützen. Ich habe mich selbst durchge-

CANSU POHL

boxt. Nach dem Abitur habe ich in Wolfenbüttel Recht, Finanzmanagement und Steuer studiert und meinen Bachelor gemacht. Für das Studium habe ich mich entschieden, weil ich mich für vieles interessiere und mich nicht auf ein Gebiet festlegen wollte.

Im Studium waren zwei, drei türkischstämmige Studentinnen, mit denen ich aber nichts zu tun hatte, weil sie unter sich bleiben wollten: Sie wollten nur mit den anderen türkischen Student:innen zusammen sein und mit ihnen Lerngruppen machen – ich war dann wieder bei den Deutschen.

Nach dem Bachelor und diversen Praktika habe ich gemerkt, dass ich noch mehr aus mir herausholen will. Deshalb bin ich nach Berlin gezogen, habe dort meinen Master in Wirtschaftsrecht mit Vertiefung in Personalrecht gemacht und nebenbei bei einer Bank gearbeitet. Jetzt bin ich Unternehmensberaterin. Das finde ich spannend, weil ich in verschiedenen Fachgebieten eingesetzt werde, viele verschiedene Unternehmen und Bereiche kennenlerne: Ich habe schon im Baubereich gearbeitet und in der Automobilindustrie, im Bereich Datenschutz und Finanzen – ich kann alles miterleben und kennenlernen, das ist interessant und steigert meinen persönlichen Marktwert. Mein bisheriger Schwerpunkt liegt im Vertragsmanagement, ich setze Verträge auf und/oder kontrolliere sie. Den Master hätte ich für meinen jetzigen Beruf zwar nicht gebraucht, dennoch freue ich mich, ihn gemacht zu haben. Dadurch konnte ich mich weiterbilden und meinen Marktwert noch weiter steigern. Meinem Selbstwertgefühl hat es natürlich auch nicht geschadet.

Eine wichtige Erkenntnis, die ich gemacht habe: Auch im Beruf musste ich mich beweisen. Wenn eine junge Frau mit Migrationshintergrund daherkommt, gucken alle erst mal sehr genau, was die überhaupt kann. Ein Mann mittleren Alters ohne Migrationshintergrund erlebt schnellere Akzeptanz.

> **Mit zunehmendem Alter gewinnt man an Selbstvertrauen, aber in der Pubertät nimmt man Ausgrenzung stärker wahr.**

Mit zunehmendem Alter gewinnt man an Selbstvertrauen und Selbstsicherheit, aber in der Pubertät nimmt man Ausgrenzung noch stärker wahr. Mein Name ist nicht deutsch – und ich wurde und werde oft gefragt, woher ich komme. Wenn ich dann »aus Deutschland« antworte, kommt immer »Das meine ich nicht«. Wenn ich sage, dass meine Eltern aus der Türkei kommen, heißt es, »oh, dafür sprichst du aber gut Deutsch«. Danke, ich bin ja auch hier geboren und aufgewachsen, natürlich spreche ich gut Deutsch und habe keinen Akzent.

Gesellschaftlich würde ich mir aufgrund dieser Erfahrungen wünschen, dass es in Deutschland nicht mehr unnormal ist, einen Migrationshintergrund zu haben. Im Gegenteil, es sollte inzwischen selbstverständlich sein, dass es hier nicht nur Deutsche gibt. In Berlin ist es das auch – in Niedersachsen nicht. Türken gibt es in Deutschland schon seit über sechzig Jahren, inzwischen auch Syrer, jetzt kommen Menschen aus der Ukraine – dennoch gibt es noch nicht das Verständnis, dass hier nicht nur Deutsche mit deutschen Wurzeln leben.

Politisch meine ich, dass Integrationskurse an sich ganz schön sind, es aber nicht klug ist, da etwas nur für Türken anzubieten. Das fördert nicht die Integration, sondern die treffen sich dann auch privat in diesem Freundeskreis und sprechen untereinander nur Türkisch. Solche Kurse müssten immer viele Nationalitäten mischen, damit die Menschen gezwungen sind, Deutsch zu sprechen und sich zu integrieren.

Mir ist Integration sehr wichtig, weil wir hier in Deutschland leben und es einer Spaltung der Gesellschaft gleichkommt, wenn man die Nationen voneinander trennt. Wenn die Türken und die Deutschen unter sich bleiben, dann ist das eine Spaltung. Aber man könnte sehr viel mehr voneinander profitieren, wenn man miteinander leben würde! Das heißt nicht nur, dass die Deutschen Türkisch lernen können, sondern auch, dass die Türken Deutsch lernen müssen. Vielen Türken fällt es erfahrungsgemäß leichter, anderen Türkisch beizubringen, als selbst Deutsch zu lernen: Ich habe schon öfter gehört, dass Deutsche Türkisch gelernt haben, um sich mit ihren Nachbarn oder Kollegen verständigen zu können. Am Ende können sie fließend Türkisch, und der andere spricht immer noch nur gebrochen Deutsch.

Ich selbst habe inzwischen geheiratet, bin nach Wolfsburg gezogen und vor 13 Monaten Mutter geworden. Mit meinem

> **Gesellschaftlich würde ich mir aufgrund dieser Erfahrungen wünschen, dass es in Deutschland nicht mehr unnormal ist, einen Migrationshintergrund zu haben.**

CANSU POHL

Sohn spreche ich Deutsch und Türkisch. Mein (deutscher) Mann spricht mit ihm ausschließlich Deutsch und meine Eltern reden mit ihm nur Türkisch – er wird also beide Sprachen lernen.

Jungen Frauen wünsche ich, dass sie daran glauben, was sie können, und sich nichts von anderen einreden lassen. Glaubt an eure Power! Ich wünsche ihnen, dass sie ein gesundes Selbstwertgefühl entwickeln. Im Beruf habe ich das jetzt, in der Schulzeit hatte ich es leider nicht. Wenn ich fünfzehn Jahre zurückreisen könnte in der Zeit würde ich sagen: »Mensch, glaub an dich selbst! Das wird alles schon! Das regelt sich – mach weiter so.« Das würde ich auch gerne anderen Frauen weitergeben:

Wichtig ist, an sich zu glauben, egal welcher Herkunft, egal mit welchem Bildungsstand – solange man an sich glaubt und genug Ehrgeiz und Disziplin hat, kann man alles schaffen.

AMIRA MOHAMED ALI
42, FRAKTIONSVORSITZENDE DER LINKEN IM DEUTSCHEN BUNDESTAG

Ich bin in Hamburg geboren und aufgewachsen, als jüngste von vier Töchtern meines ägyptischen Vaters und meiner deutschen Mutter. In der Schule, sowohl in der Grundschule als auch später auf dem Gymnasium, waren in meinen Klassen nur wenige Kinder mit Migrationshintergrund und ich die einzige Muslima. Ich glaube, die allermeisten Kinder, die einer Minderheit angehören, kennen das: Man wird in den Augen der Mitschüler:innen und der Lehrkräfte oft als eine Art Botschafterin für die Minderheit, der man angehört, angesehen. In meinem Fall für den Islam. Das ist nicht immer nur einfach.

Eine weitere Besonderheit: Aus religiösen Gründen esse ich kein Schweinefleisch. Bei Klassenfahrten, Ausflügen, Kindergeburtstagen – eigentlich immer, wenn es etwas zu essen gab – war das Thema. Heutzutage ist es fast selbstverständlich, dass es vegetarische Alternativen gibt. Damals, in den 1980ern und 90ern, war es durchaus kurios, wenn man nicht alles esse konnte, durfte oder wollte.

Bildung war meinen Eltern sehr wichtig. Meine Geschwister und ich sollten eine gute Ausbildung bekommen. Abitur, studieren, auf eigenen Beinen stehen, eigenes Geld verdienen. Mein Vater war ein sehr gebildeter Mann. Wenn ich in der Schule Probleme hatte, war er mein Ansprechpartner. Es gab praktisch kein Thema, mit dem er sich nicht auskannte oder das er nach kurzer Lektüre der Schulbücher nicht mühelos erklären konnte. Das war für mich sehr wertvoll. Mein Vater hatte in Ägypten Jura studiert, aber fand hier dennoch nie eine gute Arbeit. Er war auch lange arbeitslos. In Ägypten war ich mit meinem Vater nur einmal. Es war für uns als Familie finanziell nicht häufiger möglich. Bedauerlicherweise sind meine Tante und meine Onkel, ebenso wie mein Vater, inzwischen verstorben. Und zu den übrigen Verwandten habe ich leider nur wenig Kontakt.

Geld war bei uns immer eher knapp. Mit 16 Jahren habe ich daher angefangen, in den Schulferien zu arbeiten. Ich habe an einem Stand Spargel und Erdbeeren verkauft.

Nach dem Abitur habe ich Jura studiert. Das Thema Gerechtigkeit hat mich bewegt, und ich wollte eine Ausbildung, die mir viele Berufsmöglichkeiten eröffnet. Ich studierte in Hamburg, Heidelberg und Rom. Ich war BAföG-Studentin. Aber weil das BAföG nie wirklich zum Leben reichte, arbeitete ich auch in dieser Zeit praktisch immer nebenher. Als Verkäuferin, Kellnerin, Rezeptionistin, Marktforscherin, Sekretärin. Während meiner Zeit in Heidelberg lernte ich meinen heutigen Ehemann kennen, weshalb ich zum Ende meines Studiums nach Hamburg zurückkehrte. Mein Mann wohnte damals schon in Oldenburg, wo wir heute gemeinsam leben.

Nach dem Referendariat und meinem zweiten Staatsexamen war ich ein halbes Jahr arbeitslos und habe eine Zeit lang wieder gekellnert. Ich habe dann als Juristin bei einem großen Automobilzulieferer angefangen, zunächst in der Rechtsabteilung als Syndikusanwältin, später als Vertragsmanagerin im Einkauf. Insgesamt habe ich zehn Jahre für diese Firma gearbeitet. Es war ein guter und sicherer Arbeitsplatz. Ich war dort gern und stehe bis heute mit einigen der ehemaligen Kolleginnen und Kollegen in Kontakt.

Mein Arbeitsverhältnis dort ruht, seitdem ich in den Bundestag gewählt wurde. Ich hatte nicht geplant, Politikerin zu werden, war aber immer schon ein politisch links denkender und interessierter Mensch: Man kann sagen, mein Elternhaus war ein »SPD-Haushalt«; mein Urgroßvater hat in Heide die dortige SPD mitgegründet, meine Mutter war leidenschaftliche SPD-Wählerin, und auch

> **Bildung war meinen Eltern sehr wichtig. Meine Geschwister und ich sollten eine gute Ausbildung bekommen. Abitur, studieren, auf eigenen Beinen stehen, eigenes Geld verdienen.**

AMIRA MOHAMED ALI

mein Vater war politisch immer links eingestellt. Als dann die Agenda 2010 kam, haben wir uns von der SPD abgewendet. Wir waren fassungslos, dass die SPD diesen krassen Sozialabbau auf den Weg gebracht hat. Und als die LINKEN gegründet wurden, war mir klar, dass das meine neue politische Heimat war. Politisch aktiv geworden bin ich aber erst Jahre später: Mein Mann trat zuerst der LINKEN bei und wurde direkt aktiv. Er war Mitglied im Kreisvorstand und organisierte 2016 gemeinsam mit anderen Genossinnen und Genossen den Kommunalwahlkampf. Zuerst mussten aber geeignete Kandidat:innen gefunden werden. Ich weiß noch, wie er damals sagte, dass es gut wäre, wenn sich noch mehr Frauen und Menschen mit Migrationshintergrund bereit erklären würden, zu kandidieren. Da sagte ich: Ich bin dabei! Es war klar, dass ich nicht in den Stadtrat einziehen würde, weil ich auf einem hinteren Listenplatz antrat. Aber ich wollte die Partei gern im Wahlkampf unterstützen. So begann meine politisch aktive Zeit. Es hat mich begeistert, hier mit den Genossinnen und Genossen in Oldenburg und dem Ammerland – das ist unser Wahlkreis – Politik zu machen, und ich fand es ausgesprochen schön, dass mein Migrationshintergrund nicht negativ auffiel, sondern dass man sich einfach freute über jemanden, der sich engagieren möchte. Bei der Kommunalwahl haben wir dann sehr gute Ergebnisse im Wahlkreis erzielt. Kurz danach sprachen mich mehrere Genoss:innen an, ob ich mir vorstellen könne, für die Landesliste der kommenden Bundestagswahl zu kandidieren. Ich habe mich dazu entschlossen – und bin auf Platz fünf der Landesliste gewählt worden. Der Platz war unsicher, hat aber knapp zum Einzug in den Bundestag gereicht.

Als ich in den Bundestag kam, war ich verblüfft, dass die Fraktion teilweise recht zerstritten war und persönliche Konflikte ausgetragen wurden. Damit konnte ich nichts anfangen, weil ich nicht in der LINKEN bin, um innerparteiliche Grabenkämpfe zu führen, sondern weil ich für soziale Gerechtigkeit kämpfen möchte. Als Sahra Wagenknecht nicht mehr als Fraktionsvorsitzende kandidieren wollte, habe ich der Fraktion das

> **Es hat mich begeistert, Politik zu machen, und ich fand es ausgesprochen schön, dass mein Migrationshintergrund nicht negativ auffiel.**

Angebot gemacht, als relativ neue und von alten Konflikten unbelastete Abgeordnete, den Fraktionsvorsitz zu übernehmen. Die Fraktion hat dieses Angebot angenommen.

Politikerin zu sein, hat verschiedene Seiten. Es ist einerseits eine vielseitige, hochinteressante Aufgabe. Man hat Kontakt zu verschiedensten Menschen, Zugang zu Wissensquellen, die man sonst nicht hätte. Man hat die Möglichkeit, wichtige Themen zu bearbeiten, Debatten anzustoßen, die Gesellschaft zum Positiven zu verändern. Es ist eine sehr verantwortungsvolle Aufgabe. Auf der anderen Seite ist Politik ein Geschäft, das wenig Sensibilität zulässt. Der Umgang, besonders in den sogenannten sozialen Medien, ist rau. Kritisiert zu werden, ist in Ordnung, aber man wird als Person des öffentlichen Lebens häufig auch unsachlich beschimpft oder persönlich angegriffen. Damit umzugehen, ist nicht immer leicht.

Bevor ich Fraktionsvorsitzende wurde, war ich im Bundestag im Bereich Verbraucherschutzpolitik tätig. Hier geht es darum, dass Verbraucherinnen und Verbraucher davor geschützt werden, von Firmen betrogen oder über den Tisch gezogen zu werden. Es geht um Produktsicherheit, faire Vertragsbedingungen ohne Kostenfallen, und es geht darum, dass Verbraucher:innen gegenüber Unternehmen ihre Rechte gut und einfach durchsetzen können. Ein wachsendes Problem in der digitalen Welt. Ein weiterer Schwerpunkt ist der gesundheitliche Verbraucherschutz, zum Beispiel die gesunde Ernährung. Da muss ich aus meiner eigenen Biografie heraus sagen, dass sich unsere Gesellschaft verändert hat: Finanziell ging es meiner Familie in meiner Kindheit nie gut, wir waren auch immer wieder von Sozialleistungen abhängig – aber ich hatte nie in meinem Leben Angst, nicht genug zu essen zu haben.

> **Menschen mit Migrationshintergrund verdienen im Schnitt weniger und haben weniger gute Bildungschancen.**

Heute reicht das Geld am Ende des Monats für Kinder aus Hartz-IV-Familien nicht einmal mehr fürs Pausenbrot, und wir sehen ernährungsbedingte Entwicklungsdefizite bei Kindern aus armen Familien – das finde ich absolut inakzeptabel.

Neben dem Fraktionsvorsitz arbeite ich bis heute in der Verbraucherpolitik.

Migrationspolitik ist für mich auch eine

AMIRA MOHAMED ALI

soziale Frage: Menschen mit Migrationshintergrund verdienen im Schnitt weniger und haben weniger gute Bildungschancen. Ich wünsche mir stattdessen Chancengleichheit und Bildungsgerechtigkeit – nicht nur mit Blick auf Menschen mit Migrationshintergrund, sondern insgesamt: Es hängt in Deutschland immer noch stark vom Geldbeutel der Eltern ab, welchen schulischen Werdegang ein Mensch hat. Das muss sich ändern, ebenso wie die Bildungsausrichtung insgesamt. Eine fachspezifische Ausbildung ist gut und wichtig, aber ebenso ist es zwingend notwendig, Kindern in der Schule und Menschen auf der Hochschule kritisches Denken zu vermitteln und die Fähigkeit, sich selbst weiterzubilden und sich umfassend zu informieren – das kommt teilweise zu kurz. Es sollte bei der Ausbildung nicht nur darum gehen, Menschen fit für den Arbeitsmarkt zu machen. Ich frage mich auch, wenn vom Fachkräftemangel die Rede ist, warum nicht mehr in Bildung investiert wird. Und warum die Fachkräfte, die angeblich so wenige sind, nicht viel besser bezahlt werden, zum Beispiel in der Pflege.

Jungen Frauen würde ich empfehlen, unbedingt einen Schulabschluss und eine gute Ausbildung zu machen. Es muss nicht das Abitur sein, aber wichtig ist, eine Berufsausbildung zu machen, mit der man einen Beruf ergreifen kann, der finanziell unabhängig macht. Es ist auch wichtig, diesen Anspruch zu haben! Oft werden die sogenannten Frauenberufe schlechter bezahlt – das ist ein Ergebnis unserer patriarchalen Gesellschaft: Man denkt, die Frau sei ja nicht die Hauptverdienerin, sondern verdiene nur etwas dazu. Ich hätte nie gedacht, dass das im Jahr 2022 immer noch so ist. Daher möchte ich allen jungen Frauen sagen: »Ihr seid mehr wert! Ihr verdient es, eine Arbeit zu haben, mit der ihr so viel Geld verdient, dass ihr davon unabhängig und gut leben könnt. Lasst euch nicht mit weniger abspeisen! Eure Arbeitskraft – egal in welchem Beruf – ist ein gutes Auskommen wert!«

> **Ich wünsche mir Chancengleichheit und Bildungsgerechtigkeit – nicht nur mit Blick auf Menschen mit Migrationshintergrund, sondern insgesamt.**

DIE HERAUSGEBERIN
Dr. KERSTIN E. FINKELSTEIN-KABENGELE

Ich bin mit drei Geschwistern auf einem Einzelhof etwa 40 Kilometer nördlich von Hamburg aufgewachsen. Auf unserer Dorfgrundschule gab es kein einziges Kind mit Migrationshintergrund. Nach der Grundschule kam ich aufs Gymnasium in der nahegelegenen Kleinstadt. Wir waren 800 Jugendliche – darunter ein Geschwisterpaar mit arabischen Wurzeln und ein Jugendlicher mit türkischem Migrationshintergrund. Alle drei waren gebürtige Schleswig-Holsteiner, trotzdem kannte sie jeder.

Aufregend war das Landleben nicht. Ich las täglich stundenlang, machte mit dem Finger im Atlas unzählige Reisen und träumte davon, raus und um die Welt zu kommen. Mit elf Jahren begann ich, den SPIEGEL zu lesen, fand Politik spannend, aber deren Ergebnisse zum Teil bedrohlich. Die Republikaner hatten ihre Blütezeit, Skinheads gab es überall, und 1992 zündeten Neonazis in Mölln ein Haus an: vier Menschen starben. Ich fuhr zur anschließenden Demonstration und saß dort nach kurzer Zeit auf einem Baum, auf den mich ungeahnte Kräfte hatten klettern lassen. Unter mir tobte ein Kampf mit Steinen, Flaschen und Stöcken zwischen Grauen Wölfe, Maoisten, PKK-Anhängern und diversen anderen Gruppierungen, die ihre Unstimmigkeiten kurzfristig vergaßen, als die Polizei hinzukam. Ich war froh, irgendwann wieder auf meinem Motorrad Richtung Bauernhof zu sitzen – und dachte mir, es müsse doch möglich sein, dass Gesellschaft besser funktioniert.

Um herauszufinden, wie das geht, wollte ich Politikwissenschaften studieren. Und das im Ausland, um endlich mal etwas Neues zu sehen und zu erleben. So bewarb ich mich um einen Studienplatz in Wien.

Bevor es losging, waren noch zehn Wochen Zeit. Ich packte meinen Rucksack und fuhr allein kreuz und quer durch Tschechien, die Slowakei, Ungarn und Bulgarien. In die Tschechen hatte ich mich über Bücher verliebt; ein Porträt meines Jugendidols Václav Havel hing an meiner Kinderzimmerwand, ich hatte alles rund um die Widerstandsbewegung Charta 77 gelesen und war zweimal pro Woche nach der Schule zur Hamburger Uni gefahren, um dort Tschechisch zu lernen.

Dann zog ich nach Wien, eine wunderschöne, für mich genau ausreichend große und aufregende Stadt. Das Studium war klasse: Die Professorinnen und Doktoren hatten Lust auf Lehre und machten interessante Veranstaltungen, die Bibliotheken waren gut bestückt, die Studierenden motiviert. Nebenjobs, mit denen sich das Studium gut finanzieren ließ, waren einfach zu finden. Weil es aber immer wieder hieß, die deutschen Politik-

wissenschaften seien viel besser, dachte ich nach zwei Jahren, in Deutschland Grandioses zu verpassen. Ich nahm mein Vordiplomzeugnis, machte mich auf den Weg in das gepriesene Politologen-Eldorado Hamburg und nahm unterwegs ein halbes Jahr Auszeit, um in Prag mein Tschechisch zu perfektionieren. Über einen Freund landete ich dort jedoch in einer internationalen Kommune, lernte fließend Englisch und machte zusammen mit einem Niederländer, einer Australierin, einem Bosnier und einem jamaikanischstämmigen Engländer Straßenmusik. Nebenbei schrieb ich Rezensionen und Reportagen für die Prager Zeitung.

Nach einem halben Jahr zog ich also weiter nach Hamburg. Die Uni war schrecklich: Professoren vergaben Sprechstundenzeiten à zehn Minuten, die man sich bitte noch mit einem Kommilitonen teilen sollte; die Seminare waren überfüllt und wurden von lange redenden jungen Männern mit schwarzen Rollkragenpullovern und runden Brillen beherrscht. Dass das keinen Spaß machen würde, war mir nach vier Wochen klar, und ich sah nur zwei Möglichkeiten: abbrechen oder ganz schnell durchziehen. Ich entschied mich für durchziehen, machte einen Plan, wie ich innerhalb von drei Semestern alle Prüfungen schaffen konnte, und sah zu, möglichst interessante Praktika in der Ferne aufzutun. In den Sommersemesterferien kam ich so für drei Monate zu einer Kaffeefirma nach Costa Rica, in den Semesterferien darauf nach Buenos Aires. Dort hatte ich eigentlich eine Zusage der deutsch-schweizerischen Zeitung Argentinisches Tageblatt, traf dann aber durch Zufall auf das viel interessantere Semanario Israelita, eine von deutschen Juden gegründete Zeitung, und begann, dort zu arbeiten. Für drei Monate flog ich zurück nach Hamburg, um meine letzten Scheine und Prüfungen zu machen, schrieb dann in Buenos Aires meine Diplomarbeit und machte parallel mein Volontariat. Nach zwei Jahren zog ich der Liebe wegen nach Berlin. Dort schrieb ich meine Doktorarbeit.

Bis zu meiner Promotion war es beruflich bestens gelaufen: Ich hatte jedes Praktikum bekommen, das ich wollte, angemessen bezahlte Studentenjobs gehabt und mein Studium mit guten Noten schnell durchgezogen. Jetzt aber kamen Wirtschaftskrise, Zeitungssterben und mein nicht spezifisch auf einen Job ausgerichteter Ausbildungsweg zusammen: Kaum jemand stellte mehr ein, und für die wenigen freien Stellen war ich als Berufseinsteigerin überqualifiziert: Ich war 27, fünfsprachig, mehrjährig auslandserfahren, hatte eine Berufsausbildung und einen Doktortitel. Gesucht wurden, wenn überhaupt, Menschen, die an ihrem Heimatort studiert hatten und parallel Praktika in genau dem von ihnen beruflich anvisierten Bereich gemacht hatten. Ich schrieb 180 Bewerbungen, bekam kein einziges Vorstellungsgespräch und landete schließlich über meine Joggingfreundin bei einem Verlag. Dort bekam ich meinen ersten Sachbuchauftrag und reiste per Rucksack einmal um die Welt, um den Reportageband *Ausgewandert. Wie Deutsche in aller Welt leben* zu schreiben. Seitdem bin ich Autorin und Journalistin mit den Schwerpunkten Migrations- und Verkehrspolitik, schreibe unter Pseudonym Krimis, bin Mutter geworden und mache parallel zum Schreiben immer auch ganz andere Dinge – so unterrichte ich etwa Kampfkunst und gebe Reiki.

Politisch würde ich mir gerade auch in Hinblick auf *Moderne Muslimas* wünschen, dass sich die Arbeitsmarktpolitik fundamen-

Dr. KERSTIN E. FINKELSTEIN-KABENGELE

tal ändert. Derzeit bedeutet die Geburt nur eines Kindes schon, dass eine Frau durchschnittlich 40 Prozent weniger verdient als Frauen ohne Kinder (und Männer – egal ob Väter oder nicht). Die Idee, dass Frauen ein bisschen was dazuverdienen, während sie sich hauptsächlich ehrenamtlich um die Organisation der gesamten Familienarbeit kümmern, muss nicht zuletzt wegen errechenbarer Altersarmut von Millionen von Frauen endlich begraben werden – mehr als die Hälfte aller Elternpaare trennen sich irgendwann, spätestens dann haben viele Frauen ein massives finanzielles Problem.

Auch die Bildungspolitik müsste radikal geändert werden. Das deutsche Bildungssystem ist statistisch nachweisbar ein Klassen-Erhaltungssystem: Die große Mehrheit der Studierenden hat Akademiker-Eltern. Ja, einige der in diesem Buch vorgestellten modernen Muslimas kommen aus Arbeiterfamilien und haben den Aufstieg geschafft. Sie sind der Beweis dafür, dass dies mit sehr viel Potential und erheblicher Anstrengung möglich ist. Gesellschaftlich wünschenswert wäre hingegen, dass jeder Mensch sein Potential ohne Kraftakt voll entfalten kann – denn dann könnte die Gesellschaft von diesen Fähigkeiten und Fertigkeiten auch profitieren, anstatt nach Geschlecht und ökonomischer sowie migrantischer Herkunft vorzusortieren.

Jungen Frauen würde ich raten, herauszufinden, wer sie sind und was sie (er)leben möchten. Meiner Erfahrung nach geht das am besten durch Ausprobieren: Ob ein Sport, ein Beruf oder eine NGO gut für mich sind, ist nur schwer durch Nachgrübeln herauszufinden. Besser ist es, mit Menschen zu sprechen, die bereits das leben, was sie (vielleicht) machen wollen, ihnen, wenn möglich dabei zuzuschauen, und sich dann für das Ausprobieren zu entscheiden. Damit meine ich, nicht nur in interessante Projekte hineinzuschnuppern, sondern Dinge wirklich anzugehen: mit Leidenschaft und Liebe, mit Disziplin und Ausdauer, mit Mut und Humor! Zwar glaube ich nicht, dass jeder Mensch alles schaffen kann, wenn er nur hart genug dafür arbeitet – Rassismus und die Benachteiligung von Frauen etwa sind real –, aber es lohnt sich, an jeder interessanten Türklinke zu rütteln, um zu überprüfen, ob sie sich öffnen lässt. Überhaupt empfehle ich, regelmäßig Neues auszuprobieren – wer regelmäßig Neues erlebt und entdeckt, bleibt wach und lebendig. Und am Ende bemisst sich vielleicht genau daran ein erfolgreiches Leben: wie intensiv man geschaffen, genossen, geliebt und gelacht hat.

DIE ILLUSTRATORIN

AYŞE KLINGE, geboren 1990 in Berlin, arbeitet als freie Illustratorin in Hamburg. Sie studierte zunächst Bühnen- und Kostümbild in Berlin und begann danach, an der HAW Hamburg Illustration zu studieren. Zudem beschäftigt sie sich leidenschaftlich gern mit der Analog-Fotografie.

MENSCHEN UND IHRE GESCHICHTEN
BEI JACOBY & STUART

»Eine ungewöhnlich schillernde Sammlung von Frauenporträts. [...] Lebende und bereits verstorbene Berühmtheiten spektakulär in Szene gesetzt, die Kurzbiografien von Nicola T Stuart machen neugierig. Aufschlussreich die Zweizeiler am unteren Rand, historische Fakten als mitlaufender Ticker. Ein anspruchsvolles Künstlerinnen-Bilder-Buch zu dem Meilenstein der Emanzipationsgeschichte.«
Elbe-Weser aktuell

192 Seiten | ISBN 978-3-946593-98-0

»Kerstin Finkelstein-Kabengele und Guy Kabengele haben mit Unterstützung von Illustratorin Ayşe Klinge einen hübschen Band geschaffen, der lebendig von Schwarzen Deutschen erzählt, mit dem erklärten Ziel, die Sichtbarkeit von PoC in Deutschland zu erhöhen. Die Idee hinter *Black Heroes* ist wunderschön und das Statement so stark wie all die Menschen darin.«
Katia Schwingshandl, Buchkultur

160 Seiten | ISBN 978-3-96428-106-7

»Viele Menschen, die in die Natur gehen, sie erforschen und sich für sie einsetzen, stellt der Band *Klimaheldinnen & Ökopioniere* vor. Eine eindringliche Ermunterung, sich nicht einreden zu lassen, dass man allein ja gar nichts machen könne.«
Susanna Wengeler, BuchMarkt

224 Seiten | ISBN 978-3-96428-152-4

Ein verlagsneues Buch kostet in ganz Deutschland und Österreich jeweils dasselbe. Das liegt an der gesetzlichen Buchpreisbindung, die dafür sorgt, dass die kulturelle Vielfalt erhalten und für die Leser:innen bezahlbar bleibt. Also: Egal ob im Internet, in der Großbuchhandlung, beim lokalen Buchhändler, im Dorf oder in der Stadt – überall bekommen Sie Ihre verlagsneuen Bücher zum selben Preis.

© 2023 Verlagshaus Jacoby & Stuart, Berlin
Vermittelt durch die Aenne Glienke Agentur für Autoren und Verlage; www.AenneGlienkeAgentur.de
Alle Rechte vorbehalten
Printed in Latvia
Druck und Bindung: Livonia Print
ISBN 978-3-96428-161-6
www.jacobystuart.de